图书在版编目(CIP)数据

喜马拉雅山麓下的高山王国：尼泊尔 / 苏燕，章建华编著. — 杭州：浙江工商大学出版社，2023.9

（走进"一带一路"丛书）

ISBN 978-7-5178-4803-5

Ⅰ. ①喜… Ⅱ. ①苏… ②章… Ⅲ. ①尼泊尔－概况 Ⅳ. ①K935.5

中国版本图书馆 CIP 数据核字(2022)第 004345 号

喜马拉雅山麓下的高山王国——尼泊尔

XIMALAYA SHANLU XIA DE GAOSHAN WANGGUO——NIBOER

苏　燕　章建华　编著

出 品 人	郑英龙
策划编辑	王黎明
责任编辑	吴岳婷
责任校对	何小玲
封面设计	朱嘉怡
责任印制	包建辉
出版发行	浙江工商大学出版社
	（杭州市教工路 198 号　邮政编码 310012）
	（E-mail：zjgsupress@163.com）
	（网址：http://www.zjgsupress.com）
	电话：0571-88904980，88831806（传真）
排　　版	杭州朝曦图文设计有限公司
印　　刷	杭州高腾印务有限公司
开　　本	880mm×1230mm　1/32
印　　张	4
字　　数	94 千
版 印 次	2023 年 9 月第 1 版　2023 年 9 月第 1 次印刷
书　　号	ISBN 978-7-5178-4803-5
定　　价	59.80 元

走进"一带一路"丛书顾问委员会

丁喜刚　新华社前驻达喀尔分社首席记者

王　波　新华社前驻伊拉克共和国、科威特国、沙特阿拉伯王国和巴林王国分社首席记者

刘咏秋　新华社驻罗马分社记者,前驻希腊共和国、斯里兰卡民主社会主义共和国分社记者

陈德昌　新华社前驻希腊共和国分社、塞浦路斯共和国分社首席记者

明大军　新华社前驻曼谷分社、驻耶路撒冷分社首席记者

章建华　新华社驻堪培拉分社首席记者,前驻喀布尔、河内和万象分社首席记者

特别顾问

马晓霖　浙江外国语学院教授,环地中海研究院院长

走进"一带一路"丛书编委会

‖ 目 录 ‖

开篇

　　"无论我们身处何方,地球是我们共同的家园。无论我们心在何处,心跳是我们共同的节奏。我们虽有不同的信仰,颂歌只为驱散悲伤。我们有着同样的感情,世界本是一个家庭……"这是为声援中国抗击新冠疫情,尼泊尔知名艺术家巴拉腊姆·达哈尔创作的诗歌《我们在一起》。从这首诗歌中可以看出,中尼两国具有深厚的感情基础,两国人民友谊长存。

　　尼泊尔是中国的邻国,地处亚洲的中心地带,位于"世界屋脊"喜马拉雅山脉中段的南麓,北面与中国西藏隔山相对,东、西、南三面与印度接壤。尼泊尔地势北高南低,国境线长约2400千米,整个国家呈长方形。地理位置的特殊性和地貌的多样性直接影响着尼泊尔经济、社会与文化的发展。尼泊尔是个多山的国家,天然的地貌特征吸引着大批旅行者和探险家,他们从尼泊尔出发,攀登珠穆朗玛峰,感受攀登世界屋脊的快乐。尼泊尔具有闭塞的地理空间、深厚的历史文化与特殊的宗教信仰,这些独特之处每年都吸引了大量游客。走在尼泊尔的大街小巷,常常会在意想不到的地方,看到有上千年历史的神庙和雕塑。要是在发达国家,这些雕塑可能早被收藏进了博物馆,但是在尼泊尔加德满都,这些文物就在老百姓身边。这些文物在旅行者和考古专家眼中也许就是一个个宗教符号,但是在尼泊尔人心目中,却是有着灵性的,与神进行心灵沟通已成为大部分尼泊尔人日常生活的一部分。丰富的历史人文景观赋予了尼泊尔丰富的旅游资源,对这些资源的开发和利用成为尼泊尔经济新的增长点。

旅游业对尼泊尔国民经济做出了巨大的贡献,但是其第一和第二产业仍然处于相对落后的状态。尼泊尔北部地区海拔在 4000 米以上,有 8 座海拔超过 8000 米的山峰。从北部高山到南部平原有 7000 米的高差,这就赋予了尼泊尔丰富的水利资源,全国水电储量达 8300 万千瓦,可供开发的水能高达 4200 万千瓦,占世界总量的 2.3%。但是,如何把丰富的水能转换成电能?如何把水引入农田进行浇灌?这都是尼泊尔政府和人民所关注的话题。

中国和尼泊尔是山水相连的友好邻邦,两国始终保持睦邻友好。千百年来,两国人民跨越喜马拉雅山结下友谊,留下许多动人佳话和历史见证。进入 21 世纪,中国与尼泊尔两国政府和人民之间的友谊继续保持,树立了国与国之间平等相待、友好合作、互利共赢的典范。如今,中国已是尼泊尔第一大外来投资国、第二大贸易伙伴和第二大游客来源国,尼泊尔则是中国在南亚地区的重要贸易伙伴和发展合作伙伴。在"一带一路"倡议下,尼泊尔积极融入"一带一路"建设,2017 年 5 月,中国与尼泊尔两国政府签署了关于在"一带一路"倡议下开展合作的谅解备忘录,共同推进"一带一路"建设,以突破喜马拉雅山的险阻,开创两国协作的美好未来。

喜马拉雅山脉带给尼泊尔人民对自然的敬畏,蓝毗尼园赋予了尼泊尔强烈的神圣感,尼泊尔深厚的文化底蕴来自多样的历史背景和复杂的自然环境。让我们心怀期待,走近一个多彩的、丰富的、厚重的国度——尼泊尔。

上篇

尼泊尔的前世

从神秘传说中走来的美丽国度

尼泊尔是亚洲的古国之一,有悠久的历史,其诞生伴随着很多美丽的传说。在克拉底王朝之前,尼泊尔的历史是以各种与加德满都谷地相关的传说为开端的。

历史上第一个传说是印度教的版本。据说加德满都谷地最早的时候是一个巨大的湖泊,湖泊旁边的山上住着一个魔王,魔王有一个女儿叫乌莎。有一天,乌莎在梦里遇见了一个王子,王子名叫阿尼鲁,是黑天大神的孙子。魔王知道这件事之后,便派人将阿尼鲁绑架了过来。黑天大神很是愤怒,将魔王杀了,并且利用法轮将魔王居住的山体劈开。湖泊里的水从山谷中流出,巨大的湖泊在水干涸后便成了山谷。黑天大神后来为阿尼鲁与乌莎在谷地举行了婚礼,又将许多谷地西部的牧牛人带到了那里,让他们在谷地安居乐业。后来有一天,一位每天将牛群赶到谷地东部一片森林放牧的牧牛人发现牛群里有一头母牛每天都在同一个山丘上出奶,牧牛人便用锄头将山丘挖开,挖出了一尊帕舒帕蒂神像。消息迅速传开,有一位名为"尼"的圣人前来膜拜神像。膜拜之后,圣人便将牧牛人的儿子加冕为国王,从此,谷地成了牧牛人的王国。①

另一种传说是《斯瓦扬布往世说》所记载的。加德满都谷地原先是一个巨大的湖泊,名字是"纳格达哈"。湖泊四周虽然

---

① 王宏纬:《尼泊尔》,社会科学文献出版社 2004 年版,第 115 页。

群山环绕,却荒无人烟。一天,一位名叫毗婆尸的圣人来到此地,他受到神灵的启示,在湖中心撒下了一粒莲子,不久,莲子生根发芽并在湖面开出了一朵莲花,莲花光芒四射,传说那是神明大梵天的光辉。此后的一天,文殊师利菩萨(传说其道场在中国五台山)来到这里,用十万朵鲜花参拜大梵天。完成祈祷后,他挥剑劈开了湖泊南面的一座山峰,湖水奔涌而出,直至干涸。文殊师利菩萨在那里建造了一座城市,将其命名为曼殊帕坦,立弟子法持为王。法持死后,这个国家又陆续被不少国王统治,其中有一位国王名为尼·牟尼,他治理有方,使国家变得很兴旺,并取国名为"尼泊尔"。其中"尼"指这位国王,而"泊尔"则是养育的意思。美丽的传说体现了尼泊尔悠久的文明和神秘的宗教色彩,也揭示了其与中国的渊源。

　　两个不同版本的传说,有些地方是相同的。据考古学家研究,加德满都谷地在史前时期的确是一个湖泊,后来由于地壳运动,才渐渐演变成适合人类居住的地方。且在尼泊尔确实有一个据说是由文殊师利菩萨劈开的山谷,也已有20万年的历史。不同的传说充分地反映出了尼泊尔人民丰富的想象力。

国家统一的前与后

尼泊尔的上古时期基本可以划分为 4 个王朝,分别是戈帕尔王朝、阿希尔王朝、克拉底王朝以及李查维王朝。其中戈帕尔王朝与阿希尔王朝的起止年代均不详。

戈帕尔王朝是公认的尼泊尔史上第一个王朝,史学家推测,王朝的持续时间大概从前 10 世纪至前 5 世纪。戈帕尔的意思是牧牛人。相传这个王朝的统治者来自印度,他们来到加德满都打败了当地的土人,建立起了第一个王朝。而阿希尔王朝同样是由来自印度的牧牛人建立起来的,他们打败了戈帕尔人,成了加德满都谷地的新主人。阿希尔王朝存在的时间并不长,仅持续了百年左右,后来便被来自东方的克拉底人取而代之。

克拉底人是在前 8 世纪或者前 7 世纪从东方来到加德满都谷地的,他们拥有蒙古族血统,是一个非常古老的民族。克拉底人骁勇善战,在古老的印度诗歌集《梨俱吠陀》中,还有关于克拉底人会用魔法作战的记载。

克拉底王朝统治尼泊尔的时间较长,先后经历了 32 任国王,印度史诗《摩诃婆罗多》中记载了王朝的首位国王亚拉姆巴尔。在其统治的漫长岁月里,尼泊尔的贸易、文化和艺术得到了很大的发展。他们与印度有贸易往来,擅长手工编织,建筑和雕刻的技术也很好。他们信奉原始宗教与湿婆神,加德满都市的帕舒帕蒂纳特寺后山至今还保存着一尊湿婆林伽石像,据说是克拉底人遗留下来的。据史料记载,克拉底王朝与印度的孔雀王朝差不多处于同一时期,且孔雀王朝的阿育王曾到过尼泊尔的蓝毗尼朝拜佛祖的诞生地。阿育王还曾带自己的女儿恰鲁玛蒂来到尼泊尔,并将女儿许配给了一位名为提婆帕拉的王子。①

在克拉底王朝后期,来自印度北部的李查维人逃难至尼泊尔,同时一起从北印度逃难而来的还有释迦人、科利亚人和马拉人,他们带来了比克拉底人更先进的技术,因此也慢慢发展出了强大的势力。随着时间的推移,他们的政治野心日渐膨胀,对克拉底人的统治感到不满。最终,实力最强劲的李查维人联合其他势力推翻了克拉底王朝,开始了李查维王朝的统治。

李查维王朝到底是何时建立起来的,至今都无法考证,根据尼泊尔古籍的记载进行推测,大概464—879年是李查维王朝统治的时期。自李查维王朝起,尼泊尔的历史开始有文字记载。帕舒帕蒂纳特寺内的贾亚·德瓦二世立的碑刻上,记载有李查维人的早期历史。李查维人最早的统治者名叫苏普·什巴,他的第24代子孙贾亚·德瓦创建了统一的李查维王朝。碑文还记载了李查维王朝第17代国王马纳·德瓦之前的4代国王的名字,分别是哈里达特、布里什·德瓦、尚卡尔·德瓦以及塔尔马·德瓦。到目前为止发现的记载李查维王朝历史的最早的材料是464年马纳·德瓦在毗湿奴神庙昌古·那拉衍寺立的一块碑刻,上面详细地记载了他的一些事迹,这块碑刻是在平定克拉底人的叛乱后,他以母亲的名义在昌古·那拉衍寺进行祭祀时立的。马纳·德瓦不仅骁勇善战,还治国有方。

---

① 王宏纬:《尼泊尔》,社会科学文献出版社2004年版,第116页。

他对外不断征战，扩大疆域，同时实行分封制，将征服的领土归还给原来的统治者，因而受到了很多人的爱戴；他对内爱护臣民，广施仁政，还铸造铜币，雕塑神像，并在神像的基座和货币上记载了年代和相应名称；他重视教育，使得当时的语言有了进一步的发展，为百姓带来了安定祥和的生活。马纳·德瓦是一位胆识过人、性情和善、胸襟宽广、健壮英俊的国君。他自己信奉印度教毗湿奴派，但不反对其他宗教的发展，如他的大王后和二王后就信奉印度教湿婆派。马纳·德瓦在位期间，各种教派在尼泊尔非但没有受到欺压，还得到了很好的发展。他还修建了许多佛教寺庙，为后期尼泊尔宗教的发展打下了良好的基础。

到了 7 世纪，国王阿姆苏·瓦尔玛和纳伦德拉·德瓦在位期间，李查维王朝进入鼎盛时期，国家经济繁荣，建筑业、农业和手工业都十分发达，宗教文化兴盛。如今在尼泊尔，这个时期立的纪念碑与佛塔仍然不畏风雨地伫立着，与现代的建筑相融合，形成了一幅奇妙的画卷。

阿姆苏·瓦尔玛本身并不是李查维王室正统的继承人，而是上一任国王希瓦·德瓦一世的外甥。作为一个外姓人，阿姆苏·瓦尔玛继位的时候遭到了很多非议，但是他的出现又是那个时代必然的选择。当时，一方面，国内王权渐渐衰弱，需要一个能力强的君王来肃清政界，保住王位；另一方面，李查维王朝与强大的印度和吐蕃为邻，因此，国王需要拥有有效的手段和强大的外交能力才能维护国家安全。而阿姆苏·瓦尔玛恰巧就是这样一位国王，他在清除了所有敌人的同时也使自己攀上了权力的顶峰。他有着超高的治国能力，手段强硬，十分精明并且有很强的外交能力，他还将布丽库蒂公主嫁给了吐蕃的松赞干布。尼泊尔的贸易、经济、宗教、文化和经济在这一时期都得到了很大的发展。① 中国唐代高僧玄奘的《大唐西域记》中对尼泊尔有如下记载:"尼波罗国周四千余里,在雪山中。国大都城周二十余里。山川连属,宜谷稼,多花果。出赤铜、犛牛、命命鸟。货用赤铜钱。气序寒烈,风俗险诐,人性刚犷,信义轻薄。无学艺,有工巧。形貌丑弊,邪正兼信。伽蓝、天祠接堵连隅。僧徒二千余人,大小二乘,兼功综习。外道异学,其数不详。"

纳伦德拉·德瓦是继马纳·德瓦和阿姆苏·瓦尔玛之后的又一位著名的国王。他是一名精明的军事家和政治家,在当时进行了一系列改革。他在位期间,当地经济繁荣,还与中国官方有过来往。唐朝特使王玄策、李义表前来尼泊尔访问时,纳伦德拉·德瓦设宴款待了他们。时隔几年,纳伦德拉·德瓦又派使者带着特产和礼物访问了长安。

后来纳伦德拉·德瓦去世,其子希瓦·德瓦二世继承王位,其在位期间与印度继续保持友好的关系,却与西藏发生过几次冲突。希瓦·德瓦二世是李查维王朝最后一位有影响力的国王,他去世后,李查维王朝开始走向衰落,各个地方的部落开始独立,形成了许多小王国。

8世纪至9世纪,由于史料的缺乏,尼泊尔在这一时期几乎没有历史记载。879年至1200年,李查维王朝结束之后,马拉王朝正式建立之前,尼泊尔谷地先后被三位塔库里人统治,这段时期权力更迭频繁,政局混乱,被称为过渡时期。约10世纪,过渡时期出现了一位著名的国王古纳卡姆·德瓦。据《戈帕尔王朝纪年史》记载,他建造了加德满都城,传承至今的活女

---

① 何朝荣:《尼泊尔概论》,世界图书出版广东有限公司2020年版,第32页。

神节据说在那个时期就已经有了。13世纪初,马拉王朝建立。"马拉"在尼泊尔语中是"摔跤手"的意思。传说那时的尼泊尔国王沉迷于摔跤这项运动,有一次,他在玩摔跤时得到了儿子出生的消息,于是就在儿子的名字后面加上了"马拉"一词。之后的国王们,也都在名字后面加上了这个词,这便出现了马拉王朝这个称法。

尼泊尔的历史学家将尼泊尔的中古时期(879—1769)分为中古前期和中古后期,其中,879—1482年即马拉王朝开始分裂之前被称为中古前期,1482年马拉王朝分裂后至普利特维·纳拉扬·沙阿统一尼泊尔为中古后期。马拉人同李查维人一样来自印度,佛教典籍及印度古代史诗中均记载了与马拉人相关的内容。一开始他们在尼泊尔西部建立了马拉王朝,后来随着战争的爆发,他们逐渐向加德满都谷地靠近。马拉王朝统治前期曾一度遭遇了严重的天灾人祸,地震、瘟疫流行,1255年发生的大地震使得尼泊尔近三分之一的人口受难。即便这样,马拉王朝前期的统治还是比较稳定的。1260年,尼泊尔著名的艺术家阿尼哥带领着队伍前往西藏修建佛塔,后来又被邀请至大都(北京),为当时的元朝修建佛塔与寺庙,有的被保存到现在,成为中尼友好关系史上的一段佳话。

1382年,马拉王朝第三代国王贾亚斯提提·马拉继位,他是尼泊尔中古前期最著名的一位国王。跟李查维王朝的阿姆苏·瓦尔玛相同,他也不是王朝的正统继承人,却为马拉王朝的发展做出了努力,对当时的社会进行了很多方面的改革。他大力推行种姓制度,强化神权,将当时混乱的种姓进行了严格的划分,将印度教徒分为婆罗门、刹帝利、吠舍、首陀罗四种姓和许多亚种姓,将佛教徒划分为乌达斯、班达、伽布等种姓。对各个不同种姓的人的衣食住行、工作、婚姻等都制定了严格的规定进行约束。在经济方面,他实行了新的土地丈量法和度量衡单位,对房屋的大小和价格都做了统一的规定,还鼓励民众进行贸易,他在位期间曾多次派使团出访中国。在司法方面,实行按罪量刑的制度。在宗教方面,他大力推行印度教,并且拨款修建了许多寺庙。他还组织编写了《戈帕尔王朝纪年史》,这是尼泊尔历史上第一部系统的编年史,另外还有大量的梵语作品在他在位期间被翻译成尼泊尔语。

1395年,贾亚斯提提·马拉去世,马拉王朝由他的三个儿子统治。1428年,亚克希亚·马拉继位,他是马拉王朝历史上另外一位著名的国王,一生战功显赫,征服了很多地方,镇压了反抗势力,最终建立了强大的政权。但是在他去世之后,他所征服的地方又开始闹独立。他在位时,让他的儿子们协助管理巴德岗和帕坦两个地方的政务,这为后来马拉王朝的分裂埋下了诱因。

亚克希亚·马拉去世后,马拉王朝被他的三个儿子分裂成了三个王国,分别是加德满都、巴德岗和帕坦。分裂事件正是尼泊尔中古后期历史的开端。

1620年,希迪纳拉·辛哈·马拉登上王位。他是一个热爱文学艺术并且热衷于宗教活动的人,在帕坦修建了许多水池和寺庙,著名的拥有二十一个塔尖的黑天神庙就是由他建成的。在他统治期间,帕坦的商业得到了迅速的发展,经济也有了很大的进步。晚年的希迪纳拉·辛哈·马拉让位给了儿子,之后,出于对宗教的热爱,选择成为一个苦行者,到印度的伽什度过自己的余生,履行印度教规定的"遁世期"。

普拉塔普·马拉于1641年继位,他是加德满都历史上一位著名的国王,他在位期间,当地的艺术、文化和经济空前繁荣,取得了很大的发展,对外贸易也迅速发展。普拉塔普·马拉是一个博学多才的人，精通多种语言，加德满都王宫的墙壁上就留下了用十五种不同文字镌刻的铭文。他还精通诗歌和文学，经常自己写诗歌。他跟之前许多著名的国王一样，也很尊重宗教的发展，还修建了许多佛教和印度教的庙宇。他还在许多立柱的顶部刻上他的面部塑像，并将这些立柱竖立在塔莱珠神庙周围，守护着神庙。除了这些，他在政治和军事上也有卓越的贡献，在加德满都谷地内三国鼎立的时期，他能利用政治手段去削弱另外两个国家的力量，保护自己的国土不受侵犯。

1696 年，布帕亭德拉·马拉继承了巴德岗的王位，他在尼泊尔的历史上也占有重要地位。他极大地促进了巴德岗王国文学艺术的发展，还酷爱建筑艺术。在他的时代修建的建筑中，最著名的就是五层尼亚塔波拉神庙和"五十五扇窗宫殿"。

虽然马拉王朝后期分裂成了三个不同的国家，但是在此期间，尼泊尔的宗教、文化、经济、贸易、手工和艺术等都有了很大的发展。马拉王朝的国王大都喜爱文学艺术，因此，那个时期的艺术家创作出了许多戏剧和诗歌，当地的宗教信仰和艺术风格都基本成型，印度教和佛教相互融合，还建造了许多与宗教相关的建筑并且保留至今。在那个时期，人们已经开始庆祝大型的节日，如麦群卓拿节、活女神节等。马拉王朝的历代君王都对外宣称他们是印度教毗湿奴的转世，因此创立了活女神节，希望通过每年的庆典活动使王朝得到女神的庇佑。

虽然马拉王朝时期的尼泊尔整体在向好的方向发展，但是马拉王朝分裂而成的三个王国之间仍不可避免地互相争斗，这就给强大的廓尔喀人提供了入侵的机会。公元 1768 年，廓尔喀国王普利特维·纳拉扬·沙阿带领军队一举攻入了加德满都，很快马拉王朝就覆灭了。

马拉王朝在尼泊尔存在了几百年,但是仍然逃不过历史的规律。自称"月亮"的廓尔喀人,推翻了马拉王朝几百年的统治。廓尔喀人的祖先据说是印度拉贾斯坦邦拉其普特王公的后代,他们在穆斯林进攻印度的时候从印度逃到了尼泊尔西部的山区,在那里建立了王国。1559 年,德拉比亚·沙阿攻下了加德满都西部的廓尔喀地区,建立了廓尔喀王国。尽管廓尔喀王国土地贫瘠,人口稀缺,却出现了许多治国能力很强的国王。如第四代国王拉姆·沙阿,他拥有了不起的政治远见和治国能力,努力发展工商业,创立了沿用至今的度量衡制度,颁布了第一部法典,进行了一系列的改革,大大地增强了廓尔喀的国力,为后来廓尔喀王国扩张领土打下了物质基础。

18 世纪的尼泊尔政治环境不稳定,社会秩序混乱,处于许多小国割据的状态,面积不大的土地上存在大大小小约五十个王国,如此环境促使强大起来的廓尔喀王国急不可待地想扩大统治区域,其第九代国王纳尔布帕尔·沙阿就曾向加德满都发起过进攻,但以失败告终。直到 1743 年,年仅 20 岁的廓尔喀王国的第十代君王普利特维·纳拉扬·沙阿继位,沙阿王朝的统一大业才真正开始进行。

普利特维·纳拉扬·沙阿骁勇善战、励精图治、坚韧不拔。他一方面向印度采购军火,并想方设法自己制造军火,为后面的进攻做好物资准备;另一方面,他采取远攻近交的方法,与相邻的国家如卡斯基、帕尔帕、塔纳洪和拉姆宗等建立友好的关系,先后派出使臣拜访这些国家,以确保后方安全。普利特维攻打加德满都的战斗,大概可以分为四个阶段:扫清从廓尔喀进攻加德满都路上的障碍;进攻加德满都;攻打加德满都西部的地区;击败加德满都东部的割据势力。

第一场战争,普利特维选择攻打努瓦科特。努瓦科特隶属

加德满都王国,是通往吉隆口岸和与中国西藏进行贸易的重要
交通枢纽,但是由于准备不足,这一次的进攻以失败告终。但
是普利特维并没有放弃,他吸取失败的教训,重新整顿军队,加
强军队训练。经过不长的准备,他于1744年再次攻打努瓦科
特,这次一举攻下,并且占领了吉隆口岸。之后,普利特维便切
断了与中国西藏的贸易往来,想以此来撼动其他国王的统治。
加德满都国王贾亚普拉·卡什·马拉曾想夺回努瓦科特,但是
没能成功。普利特维为了后面能更顺利地占领加德满都,一方
面努力筹备军饷、训练军队,另一方面还与巴克塔普尔达成协
议,承诺攻下加德满都之后将桑古和昌古交给巴克塔普尔管
理。之后普利特维开始向加德满都谷地外围发起进攻,1748
年,他首先攻下了谷地东部的卡布雷普朗乔克和辛杜帕尔乔克
两地,控制了另外一个连接尼泊尔和中国西藏贸易的重要地
方——古蒂。这是普利特维为攻克加德满都谷地采取的策略
之一:封锁一切的贸易通道,切断加德满都的经济来源。普利
特维为尽快攻下加德满都,还采取了另外两个策略,一个仍然
是与其他国家联盟,比如廓尔喀西部的乔布斯;另一个是采用
离间计,挑拨各个国家大臣和国王之间的关系。

　　1757年,普利特维开始进攻加德满都谷地的门户基尔提普
尔镇。但是此时谷地内的三个国家也意识到了危机,它们放下
了争斗,开始联合起来抵抗敌人的入侵。它们在基尔提普尔镇
筑起了城墙和堡垒,全体人民都积极备战。普利特维的第一次
进攻以失败告终,损失严重。普利特维总结经验,暂时放弃进
攻基尔提普尔镇,重整军队,让他的三个弟弟攻打马克万普尔。
那里是加德满都的一条交通要道,也是谷地的物资供应基地,
普利特维想以此来切断三个国家相互之间的援助。1762年8
月,马克万普尔被攻下,普利特维还缴获了许多兵器。征战到

此,普利特维已经对加德满都谷地形成包围,几乎切断了加德满都谷地所有的经济和商品来源,使得谷地内的人民生活愈加艰难。

普利特维在 1765—1766 年对基尔提普尔镇发起了第二次进攻。镇内的人民经过艰苦卓绝的抵抗,最终弹尽粮绝。普利特维采取围而不攻的战术,并切断了他们的水源,最终迫使镇内的人投降。1766 年 3 月,普利特维攻下了基尔提普尔镇。接着,廓尔喀人又顺利攻占了加德满都北部的巴拉朱。1768 年 9 月,普利特维在加德满都国王贾亚普拉·卡什·马拉坐大车巡游时攻入了加德满都,贾亚普拉国王措手不及,仓皇逃到了帕坦王国,普利特维一鼓作气攻入加德满都王宫。帕坦王国的大臣和民众被廓尔喀人的强大震慑,慌乱地向普利特维投降。贾亚普拉国王与帕坦国王被迫逃向巴德岗。因为普利特维与巴德岗国王拉纳吉特的儿子比尔辛格是结拜兄弟,所以刚开始时,普利特维并没有对巴德岗发起进攻,只是要求他们交出加德满都和帕坦的国王,却遭到了巴德岗的拒绝。相持一年后,巴德岗被攻占,至此,马拉王朝彻底退出了历史舞台。

1769 年 11 月 12 日,沙阿王朝将王都迁至加德满都。

当然,普利特维的野心远不止于此。1771 年 4 月,他开始对西部的乔比斯(24 个土邦国联盟)发起了进攻。在占领了塔纳洪后,与廓尔喀人敌对了很长时间的拉姆宗也迫于形势选择了臣服。之后普利特维又陆续攻下了卡斯基、赖兴、比尔科特、潘云和多尔等小国。前行的过程中,普利特维也遭到过重击。1771 年 12 月 14 日,在攻打塔胡时,廓尔喀人遭到了帕尔帕和帕尔巴特等小国的联合围攻,在这一战中,虽然廓尔喀人拼命抵抗,却仍然损失惨重,500 余名将士阵亡。自此,普利特维攻打西部的战役受阻,转而开始进军尼泊尔东部。

　　在攻打东部之前，普利特维收买了当地的卡斯族婆罗门，将他们安插在政府部门，为后续进攻做准备。1772年普利特维开始东征，在事先安插的婆罗门的帮助下，廓尔喀人顺利渡过了都德克西河，很快就攻占了博季普尔、乌代普尔、萨普塔里、莫朗和伊拉木等地。其中谷地东部有两个相对独立的国家乔丹底和比贾亚普尔，乔丹底的国王在普利特维刚开始东征时就不战而逃，比贾亚普尔最终也没能抵挡住廓尔喀人的进攻。至1774年，廓尔喀东部的国土已经延伸到的梅奇河。正当征战一切顺利，廓尔喀人准备越过伊拉木向锡金进攻时，52岁的普利特维在1775年1月因病去世，他的统一大业最终没有完成。

　　普利特维虽然一直在东征西战，但同时也将国家治理得很好。他在位期间设立了各种职能机构来巩固中央政权，努力发展民族工业，保护民族文化，使各个民族之间更加团结，还积极开展外交活动，加强经济管理，鼓励开采矿藏，兴办各种公益事业。普利特维一生功绩显赫，他逝世时，廓尔喀人的领土已经扩大至如今尼泊尔的东部和中部地区，且国家政治权力统一，为后来他的子孙继续完成统一大业打下了坚实的基础。

　　普利特维的儿子继承王位后，只统治了短短的三年便病逝了，他两岁半的孙子拉纳·巴哈杜尔·沙阿被扶上王位，由新王的叔叔巴哈杜尔·沙阿以及母亲拉金德拉·拉克希米帮助处理朝政。后来，王权渐渐落入王太后拉金德拉手中。这个时候，被征服的二十四国中，有些小国家意图重新独立，拉金德拉果断派兵前往镇压，很快就平息了动乱。拉金德拉王太后还加强了对东部地区的统治，为统一做出了巨大的贡献。

　　1785年，拉金德拉王太后去世，王叔巴哈杜尔·沙阿开始接管朝政，他是沙阿王朝历史上另一位伟大的统治者。他一方面通过联姻的方式与当时最强劲的对手帕尔帕联盟，另一方面继续完成王国的统一大业,相继占领了卡利甘达基河以西的古尔米、阿加、康吉、帕尔巴特、皮乌坦等国家,紧接着又开始向卡尔纳利地区的二十二国发起战争,将领土进一步扩大到贝利河和马哈卡利河。

1790 年,在巴哈杜尔·沙阿的继续带领下,廓尔喀又相继攻下了马哈卡利河对岸的库毛恩和加瓦尔等地,王国的疆域扩大到普利特维执政期间的三倍。

在此期间,廓尔喀王国以贸易争端为借口挑起与中国西藏的战争,入侵西藏地区的日喀则,在扎什伦布寺抢掠金银粮食,被清朝的福康安将军率兵击败。清军兵临加德满都城下,廓尔喀王国主动求和,并承诺归还抢掠来的财物,且永远不再侵犯清朝边境。

1795 年,国王拉纳·巴哈杜尔·沙阿 20 岁时,巴哈杜尔·沙阿将政权交还至他手中。国王拉纳·巴哈杜尔·沙阿继续率军出征,想完成统一大业。1805 年,拉纳·巴哈杜尔·沙阿被自己的亲弟弟谢尔·巴哈杜尔谋杀。其 8 岁的儿子吉尔班尤达继位,由首相比姆森·塔帕执政。1808 年,经过艰苦的战争,王国终于在 1811 年击败了统一道路上的最后一个敌人帕尔帕。至此,经过近 70 年的征战,廓尔喀王国完成了统一大业,其疆域辽阔,东至提斯塔河,西面远超原众多小国的范围,北至我国西藏边界,南至印度北部的大平原。

英勇抗敌　走向独立

18 世纪,英国以印度为基地,在东南亚站稳脚跟后,便打起了尼泊尔的主意。据记载,早在 1767 年普利特维执政期间,英国便派兵入侵过尼泊尔山区的辛杜利加迪,但是被普利特维打败了。后来普利特维去世,他两岁半的孙子登基为王,让英国重新看到了机会。英国干涉尼泊尔的内政,让贵族之间的斗争变得更加激烈,借此与尼泊尔签订了一个不平等的通商条约。1801 年,英国占领了位于印度与尼泊尔边境的哥拉克浦尔,此后以边界不明为借口,时常与尼泊尔发生摩擦。

1814 年 11 月 1 日,英国驻印度总督赫斯廷斯勋爵以边界问题为借口,向尼泊尔宣战,派出了 2 万多人向尼泊尔发起进攻,尼泊尔军民在首相比姆森·塔帕的带领下英勇抗敌,坚决保家卫国,战斗中涌现出了许多可歌可泣的英雄。如率领 600 人对抗 4000 名敌军的英雄巴拉巴德拉·孔瓦尔,虽然战斗力远不如敌人,但他仍英勇抗争,甚至赢得了敌人的尊敬。战役结束后,英国人为他立了一块碑,上面写着"敬献给我们英勇的敌人巴拉巴德拉和他的勇敢的廓尔喀朋友们";还有守卫西部边境的阿马尔·辛哈·塔帕,也是率领远少于英军人数的将士英勇抗敌,使得英军在半年内进攻了数次也未能成功,被称为尼泊尔的"活狮子"。[1]

---

[1]　王宏纬:《尼泊尔》,社会科学文献出版社 2004 年版,第 124—125 页。

尼英战争持续了两年多,最终因为武器的落后及兵力的差距,尼泊尔战败。1816 年 3 月 4 日,尼泊尔被迫与英国签订了《萨高利条约》。根据该条约,英国在加德满都建立了常驻代表机构,尼泊尔将马哈卡利河以西的广大地区及南部特莱平原的大片领土割让给英国,英国每年给尼泊尔 20 万卢比作为补偿。虽然尼泊尔战败了,但是尼泊尔人民从未停止对英国统治者的反抗,首相比姆森·塔帕带领着人民进行了一系列的改革。他们重整旗鼓,加强对军队的训练,经济方面则重点发展工商业,开发森林资源,努力开垦荒地,想走上富国强兵的道路。然而他们的努力引起了英国人的注意,英国为了加强对尼泊尔的控制,千方百计实施阴谋阻止尼泊尔的发展。他们利用潘德家族和塔帕家族之间的矛盾,煽动潘德家族对塔帕家族进行污蔑,最终将比姆森·塔帕陷害致死,残忍的潘德家族还将他的碎尸抛入河中。比姆森·塔帕虽然悲惨地结束了他的一生,但是他为尼泊尔做出的杰出贡献将会被历史永远铭记,他还被誉为反抗外来侵略者的民族英雄以及独立的尼泊尔国家的缔造者之一。潘德家族统治尼泊尔的时间并没有太久,公元 1846 年 9 月 15 日,尼泊尔军队领导者之一拉纳家族的忠格·巴哈杜尔在英国人的支持下发动了政变,制造了尼泊尔历史上骇人听闻的"科特庭院大惨案",一举杀害了首相、大臣和将军等所有的政敌,总计 400 余人。随后,为了防止被报复,他还将被杀害的贵族的 6000 多名家眷驱逐出境,夺取了尼泊尔的军政大权。后来他又自封为世袭首相。自此,拉纳家族掌握了大权并且成为尼泊尔王国的第二个"王室家庭",原来的统治者沙阿则成了有名无实的傀儡,尼泊尔开始了拉纳家族长达 105 年的专制独裁统治。

拉纳家族统治期间,其家族里前后共有 10 名成员出任首相。忠格·巴哈杜尔是第一任首相，他是一个反复无常又手段残忍的暴君。他 16 岁就加入了军队，后来加入了尼泊尔炮兵部队，1841 年成为国王的贴身侍卫，在国王和王后的争权斗争中，他进一步发展自己的势力，青云直上，后来发动政变夺取了政权。"拉纳"这个姓氏是他在 1849 年强迫当时的傀儡国王赐予的，这也是他的家族被后来的人们称为拉纳家族的原因。1854 年 1 月 5 日，忠格·巴哈杜尔颁布了《国家法典》。这部法典是尼泊尔史上最全面的一部关于种姓制度的法典。该法典把印度教种姓制度的行为规范和价值观念推行到尼泊尔社会各阶层。

忠格·巴哈杜尔曾以我国西藏康巴人殴打尼泊尔商人、提高进口关税以及领土争端等为借口，在 1855 年 4 月和 9 月先后两次向西藏发动侵略战争，两次占领了西藏的吉隆、宗嘎和固帝。1856 年 3 月，西藏被迫派人前往加德满都，在塔帕塔利宫与尼泊尔签订了《塔帕塔利条约》。该条约包括：西藏每年向尼泊尔政府支付 1 万卢比；免除尼泊尔商人在西藏经商的一切关税；西藏退还缴获的尼泊尔方的枪炮和战俘，尼泊尔交还西藏战俘和所占领的西藏的土地和牦牛；尼泊尔派使节在拉萨建立代办制度；尼泊尔商人在西藏具有经营珠宝等一切商品的权利；在西藏的尼泊尔商人之间发生纠纷时，西藏官方无权干涉；西藏人与尼泊尔商人发生纠纷时，由双方派代表联合处理；尼泊尔商人与住在西藏的其他外国人发生冲突时，由驻藏的尼泊尔官员处理；有人命案的逃犯要交给有关国家；西藏要保护在西藏地区的尼泊尔人的生命和财产安全等一系列特权。战争结束后，忠格·巴哈杜尔辞去了首相一职，去任职卡斯基和拉姆宗的大君，由他的弟弟博姆·巴哈杜尔接任首相。但是新任首相继位不到一年就去世了，忠格·巴哈杜尔再次出任首相。

在拉纳家族统治期间,尼泊尔成了英帝国主义的附庸。忠格·巴哈杜尔与英国人交好,他在任时曾于 1850—1851 年出访英国,在英国的时候,他观赏了歌剧和赛马,回国后引入了英国的新古典主义建筑风格,到现在人们在尼泊尔还能看见这类风格的建筑。为了维护自己的统治,他对英国极力讨好,俯首听命。1857 年印度大起义时,忠格·巴哈杜尔以起义军终将失败为借口,派出了 6 个团共计 11000 人帮助英国镇压起义,他还亲自带领了 8000 名士兵攻打起义军。从 1857 年 7 月到 1858 年 1 月,他先后 3 次为英国提供援助。战争结束后,英国为了答谢其出兵援助,将尼泊尔在尼英战争中割让给英国的特莱平原西部的大片领土归还给了尼泊尔。

1867 年,傀儡国王苏伦德拉在忠格·巴哈杜尔的授意下将其任命为终身首相,拥有国家的一切权力,并且允许首相的职位家族世袭。1877 年,忠格·巴哈杜尔去世,按照规定,首相职位将传给拉纳家族内的成年人,由他的兄弟们轮流执政,但是忠格·巴哈杜尔的一个弟弟拉诺迪普却趁着争权的混乱夺取了首相职位,进一步激化了拉纳家族内部的矛盾。1885 年,靠着阴谋夺得权力的拉诺迪普被亲属杀害,比尔·沙姆谢尔出任首相,统治时间长达 16 年之久。1901 年,比尔·沙姆谢尔去世,由德瓦·沙姆谢尔继任,但是他仅仅掌权了 3 个月,就被昌德拉·沙姆谢尔威逼着下了台。昌德拉·沙姆谢尔在位 28 年,在他在位期间,尼泊尔继续保持着与英属印度的联系,但是也没有完全变成英国的殖民地,而是半殖民地性质。第一次世界大战期间,昌德拉·沙姆谢尔主动为英国提供了大量的人力资源。战争期间,除了有 10000 人的廓尔喀军常驻印度之外,尼泊尔还另外每年向英国的廓尔喀军团输送 1500 人。1919 年,仍是昌德拉·沙姆谢尔在位,在英国与阿富汗国王阿曼努拉进行战争时,他派出了 2000 人对英国进行支援。当然,在对英国付出了这么多之后,他也是有所收获的。1923 年 12 月 21日,英国与尼泊尔签订了和约,正式承认尼泊尔独立。

1929 年,昌德拉·沙姆谢尔去世,比姆·沙姆谢尔担任首相。3 年后,朱达·沙姆谢尔出任首相。1945 年,帕德马·沙姆谢尔成为首相,他在位期间,尼泊尔颁布了第一部具有宪法性质的法典。1948 年,拉纳家族的最后一位首相莫汉·沙姆谢尔继任。

拉纳家族实行了 100 多年的独裁统治,除了上述的事情之外,也做了一些贡献。如废除了寡妇在丈夫的葬礼上走向柴火堆进行自焚的陋俗;60000 名奴隶获得了自由;在首都建立了多所中学和大学;1889 年,建成了尼泊尔第一家医院——比尔医院,拉开了加德满都现代化建设的帷幕;在加德满都铺设了第一条自来水管;建立了有限的电网;建起了曾一度被认为是亚洲最大宫殿的狮子宫。1903 年,廓尔喀正式更名为尼泊尔,这也反映了尼泊尔人民的国家意识在不断增强。但是,这些并没有改变拉纳家族封建专制统治的性质。在山区生活的人民仍然处于中世纪的状态,而拉纳家族却只想着如何更多地搜刮民脂民膏,过奢靡的生活。为了更好地巩固家族的统治,他们极力镇压和排除异己,长期实行愚民和闭关锁国政策,断绝与外界的交流,遏制人民的言论自由,不给人民受教育的机会,使得尼泊尔的社会发展几乎停滞不前,人民生活愈加贫困。

20 世纪前半叶印度兴起的民族独立运动对尼泊尔的爱国青年和进步人士产生了巨大的影响。他们认识到,要真正地实现国家的独立,就要摆脱英帝国主义的控制,推翻拉纳家族的独裁统治,要努力唤醒人民。从 1940 年开始,尼泊尔先后涌现出了许多进步团体和革命党派。而此时,已经被人们遗忘了的沙阿王朝的国王特里布文正在积极寻找推翻拉纳家族统治的办法。

艰难探索

印度的独立运动大大地加快了尼泊尔人民觉醒的进程,尼泊尔人民极度渴望推翻拉纳家族的统治和摆脱英帝国主义的控制。在这种形势下,尼泊尔民众和王室形成了一股推翻拉纳统治的巨大力量。

1950年底,特里布文国王在前往纳嘉郡森林保护区狩猎时,出乎所有人意料地中途突然转道去了加德满都的印度大使馆寻求政治避难,随后他获得了政治豁免权,并且搭乘一架飞机飞到了德里。与此同时,毕什维斯瓦尔·普拉萨德·柯伊拉腊领导的尼泊尔大会党通过武力手段从拉纳家族手中夺取并控制了边境的比尔根杰并成立了临时政府。特里布文国王离开之后,拉纳家族对外宣布特里布文国王退位,并且扶持了年仅3岁的特里布文的孙子贾南德拉为国王。拉纳家族废黜国王的行为引起了民众的极度不满。在尼泊尔大会党的领导下,加德满都谷地三大市的民众开始了大罢工行动,尼泊尔的东部、西部和南部地区开始出现武装起义。声讨拉纳家族的浪潮很快蔓延至全国各地,民众迅速展开了推翻拉纳家族统治的革命斗争,即使拉纳家族派出了军警进行镇压也无济于事。而在国际上,印度、中国、美国均不承认拉纳家族新立的国王,英国也在国际形势和尼泊尔国内革命斗争的压力下表示不承认新国王。拉纳家族见大势已去,只好派出首相莫汉·沙姆谢尔、凯舍尔·沙姆谢尔以及维加亚·沙姆谢尔三人作为代表,前往德里与特里布文国王及尼泊尔大会党进行谈判。在印度政府的帮助下,1951 年 2 月 12 日,特里布文国王、尼泊尔大会党及拉纳家族三方达成协议,拉纳家族交出政权。2 月 15 日,特里布文国王返回加德满都。2 月 18 日,特里布文国王颁布了临时宪法,并且向全国人民发表讲话,宣布拉纳家族的独裁统治到此结束,开始试行君主立宪制,2 月 18 日也被尼泊尔定为"国家民主日"。拉纳家族长达 105 年的统治到此结束。①

　　王权恢复之后,尼泊尔在新国王的带领下逐渐打开了关闭的国门,开始与其他国家建立友好的外交关系,尼泊尔人民也在法治、民主和人权方面获得了较多的权利。尽管如此,真正的民主制度也不是一朝一夕就能实现的。1955 年 3 月特里布文国王逝世,其子马亨德拉继承王位。马亨德拉即位后开始收回权力,实施直接统治,他认为多党制和党派斗争不适合尼泊尔,并对外宣称:"在前 4 年的民主试验中,国家和人民未能获益多少。"但是当时尼泊尔国内各政党强烈要求进行大选,迫于压力,马亨德拉不得不宣布在 1957 年举行大选,并准备制定新的宪法。1956 年 1 月,马亨德拉任命坦克·普拉萨德·阿查里雅组织新的政府负责大选的流程。然而阿查里雅因未能完成任务被解职,随后又由昆瓦尔·辛格接任首相。但是辛格的任职仅仅坚持了 3 个多月,马亨德拉就再次收回权力。1957 年 12 月,尼泊尔大会党等党派发起政治运动,要求马亨德拉在 6 个月之内举行大选,马亨德拉再次迫于压力与大会党达成妥协,宣布要举行大选,但同时他又对大选产生的制宪议会制定宪法的能力表示怀疑,因此决定在大选之前完成宪法的制定工

---

　　①　何朝荣:《尼泊尔概论》,世界图书出版广东有限公司 2020 年版,第 47 页。

作。1958 年 5 月,马亨德拉国王任命以苏瓦尔纳·沙姆谢尔为首的政府负责宪法的起草和大选的组织工作。

1959 年 2 月,尼泊尔历史上第一部宪法颁布,并且宣布实行两院议会制,之后尼泊尔进行了历史上第一次全国普选,尼泊尔大会党以绝对的优势获得胜利,大会党主席毕什维斯瓦尔·普拉萨德·柯伊拉腊出任首相,并组成了大会党内阁。但是大会党在任职之后居功自傲,在制定或者执行决策时总是独断专行,与王室发生了矛盾,还压制其他党派的发展。终于在1960 年 12 月 15 日,马亨德拉国王认为政府的做法完全不符合他的意愿,宣布解散议会两院和尼泊尔大会党内阁,并且逮捕了内阁成员,重新收回了全部的权力,亲自掌管国家的一切事务。

经过两年的探索,马亨德拉国王认为无党派评议会制度更适合尼泊尔的国情。这个制度的核心就是一切权力都由国王掌握,这刚好符合马亨德拉的意愿。1962 年 12 月 16 日,马亨德拉国王颁布了评议会制度下的新宪法,并且国家评议会的 35 名成员里面有 16 名成员是由他亲自指定的。评议会制度的最大的特点就是无党派性,规定不允许私自成立带有政治目的的组织和团体,禁止任何政党或者政治团体在尼泊尔境内活动。另外,还有一个特点就是国王掌握一切,包括军事、外交、政治、新闻、立法、行政等,还可以任命内阁成员和总理。1964 年,无党派的各级评议会正式成立。尼泊尔的政局在当时是相对稳定的,但其实围绕着是坚持实行无党派评议会制度还是重新实行议会民主制度的争论一直都没有停止过。之前的政党和政治团体都在无党派评议会制度开始实行后转入了地下,大会党的组织机构甚至被迫迁往印度,但是他们没有停止活动,因此,当时的政治局面实际上是分为坚持实行无党派评议会制度的评议会体制派和由被禁止活动的各政党组成的反评议会体制派两个阵营。

国家表面上看似风平浪静，实则暗涛汹涌，尽管如此，当时的尼泊尔在经济方面还是取得了一些成果。

在经济方面，政府制定了经济发展的五年计划，以优先发展农业为基础，采取公私合营发展工商业的经济政策来改善人民的生活，发展国民经济。一批国有的大、中、小型企业涌现出来，如卷烟厂、皮革厂、造纸厂、纺织厂、制鞋厂、榨油厂等。经济发展五年计划的实施，使交通运输、水电供应和医疗卫生等与百姓生活和国家经济发展有着直接关系的行业有了不同程度的发展。如在交通运输方面，加德满都—博卡拉公路、加德满都环城公路、马亨德拉公路和加德满都—科达里公路就是在那个时期修建的；在水电供应方面，建设了特里苏里水电站和孙柯西水电站等。因为尼泊尔拥有独特的风景和古老的文化，尼泊尔决定大力发展旅游业，为此新建了许多饭店，积极改善了国内的交通，而且还开通了国际航线。尼泊尔与中国香港、东南亚、南亚各国以及其他国家和地区都建立了航线。为了进一步发展国家经济，尼泊尔除了自力更生外，也努力争取外国的援助。外国对尼泊尔提供的援助大部分都是无偿的。技术援助即外国提供技术专家和为尼泊尔培养各方面的人才；经济援助是提供工程援助和财政援助。在尼泊尔几十年的经济发展中，外国的援助起了很重要的作用。

尽管尼泊尔在经济发展方面非常努力，但是由于尼泊尔是一个内陆国家，资源匮乏，没有便利的交通也没有出海口，且存在政府官员贪污腐败等问题，经济发展仍然是非常缓慢的。

在文化方面，尼泊尔开展了对外文化交流，发展教育和国际文化合作，保护民族遗产，注重发展民族文化。建立了皇家文学院和特里布文大学来更好地继承和弘扬尼泊尔的传统文化，还积极鼓励文学和艺术发展，鼓励文学家和艺术家进行创作。在宗教文化方面，尼泊尔建立了比丘协会和帕苏帕蒂基金会等来保护传统宗教的发展。

在教育方面，尼泊尔建立了许多初等、中等学校和高等学院，制定教学大纲，制定学校行政人员及任教老师的任免政策，还通过国际文化交流将许多学生送至国外学习，培养医生、工程师等各种领域的人才。

在社会改革方面，马亨德拉国王为了更好地推行民主制度，让各阶层的人民，如农民、妇女、工人等都积极地成立自己的组织。尼泊尔的宪法也明确地规定了在尼泊尔社会，不分宗教，不分民族，不分种族和种姓，共同组成一个尼泊尔民族。为了健全法制，尼泊尔王国在 1962 年颁布了《民法大典》，并不断地进行修改完善。

总之，在尼泊尔的现代时期，经济、教育和社会改革等方面都取得了一些进步。

路在何方

1972 年，马亨德拉去世，他的儿子、年仅 27 岁的王储比兰德拉继位。

在比兰德拉统治期间，尼泊尔人民对国家发展缓慢、官员腐败且生活成本日益增加愈加不满，且那时正是自由化浪潮和民主思潮席卷全球的时候，多重因素叠加，引发了 1979 年 4 月的大规模学生运动和政治骚乱。尼泊尔大会党和其他的反评议会体制派开始借此抨击评议会制度以及国王管理能力的不足。比兰德拉国王宣布举行全民公投，成年人有选举权，通过无记名的方式进行投票，以投票结果来决定是否继续实施无党派评议会制度，是否进行适当改革，以及是否实施党禁。1980 年 5 月 2 日，尼泊尔举行了第一次具有决定意义的全国公民投票，超过 2/3 的公民参与了投票，投票最终结果显示，超半数的人选择支持评议会制度，最终评议会制度被保留了下来，但是需要对其进行改革。同年 12 月 15 日，比兰德拉国王宣布对评议会宪法进行了第三次修改，规定使用直接选举代替之前的间接选举，此举暂时缓和了当时紧张的政治局势。

公投之后，尼泊尔国内对立的局势发生了改变。评议会内部出现了不同的声音，渐渐地演变为"维持现状派"和"自由改革派"之间的斗争，各个政党和政治团体也渐渐趋于半合法化、半公开化。1985 年开始，多党派的支持者也渐渐在全国评议会的选举中占据了一席之地，各党派的政治势力不断地发动斗争反对评议会制度。1989 年 3 月,印度以尼印贸易和过境协议期满为借口对尼泊尔实施了经济封锁,导致尼泊尔国内物价疯涨,物资短缺,经济几乎瘫痪,给人民的生活带来了巨大的影响,也使得人民对评议会制度和政府非常不满。1990 年初,在东欧社会主义国家纷纷发生剧变的时候,尼泊尔人民的民主思想也是空前高涨,尼泊尔大会党联合国内其他左翼政党发起了"人民运动",想废除评议会制度,迫使比兰德拉国王交出权力,恢复君主立宪制和多党议会民主制。政府面对"人民运动",派出了军警使用催泪瓦斯和子弹对 20 万非暴力游行群众进行镇压,还逮捕了成千上万的群众。在之后的几个月里,抗议活动仍时不时地出现。

1990 年 4 月 16 日,比兰德拉国王在巨大的压力下选择向民主运动让步,他宣布解散全国评议会,解除党禁,接受君主立宪制。尼泊尔大会党在长期被禁止活动之后再次接受任命组织临时政府。尼泊尔大会党和左翼联合阵线的领导人任命大会党的领导人克里希纳·普拉萨德·巴塔拉伊为首相,领导临时政府。临时政府成立以后,开展了以下 4 项工作:改善尼泊尔和印度的关系;为将在一年后举行的大选做准备;修改尼泊尔的宪法;抚恤烈士家属。1991 年 5 月 12 日,尼泊尔举行了历史上第二次全国大选。最终投票结果显示,尼泊尔大会党赢得了多数票数,获得了组阁权,比兰德拉国王任命大会党领导人之一的吉里贾·普拉萨德·柯伊拉腊为首相,5 月 29 日组成了新的政府。

尼泊尔大会党能够选举成功的主要原因有以下几点。首先,大会党是一个老党派,资历老,有经验。其次,尼泊尔大会党在政治和经济上受到了其他国家如印度、美国、德国、法国、加拿大等的支持。新政府执政期间,一直面临着经济困境和反对党派的压力。尼泊尔的君主立宪制恢复后,也未能坚持太久,国内各个党派之间斗争激烈,大会党内部也存在严重分歧,因此,大会党在执政 4 年后就面临下台。随后在 1994 年 11 月 15 日,尼泊尔举行了又一次大选,此时尼泊尔共产党(联合马列)是第一大党派,在选举中获得 88 席,位居第一,由其组成了新的政府,领导人曼·莫汉·阿迪卡里担任首相,这是尼泊尔史上第一次由共产党组织政府。

尼共(联合马列)能够成功上台执政的主要原因如下:首先,尼共(联合马列)一直坚持主张"保护国家利益""耕者有其田""发扬民族自尊心"等,深得广大劳动人民的支持;其次,大会党执政期间,贪污腐败横行,引起了民众的极大不满,且党派内部斗争严重,经常互相拆台,使得大会党的实力被严重削弱;最后,尼泊尔民众对大会党政府的亲印政策十分不满意。然而尼共(联合马列)毕竟是一个新的党派,经验不足,其仅仅执政了 9 个月,就在议会不信任投票中落败。1995 年 9 月 10 日,尼共(联合马列)首相曼·莫汉·阿迪卡里提出辞职,尼共(联合马列)不再执政。

1995 年 9 月 12 日,尼泊尔大会党再次组阁,组成了民族民主党、亲善党和大会党三党联合政府,由大会党第二任领导人谢尔·巴哈杜尔·德乌帕担任首相。在德乌帕任职的一年半里,他推行吸引外资和经济自由化的政策,使得尼泊尔的经济与过去相比有些起色。从 1995 年到 1996 年,尼泊尔工业年产值增长了 4.9%,农业年产值增长了 5.4%,国内生产总值的增长率从 2.9%增长到了 6.1%。德乌帕在政治上注意维护各党派之间的均衡,扩大内阁,维系联合的三个党派之间微妙的关系。但是德乌帕对三个党派各自党派内的斗争也是无能为力的。为了争夺权力,不同党派之间的不同派别经常会联合起来对付现任的德乌帕政府,如尼共(联合马列)曾联合民族民主党内部的昌德派,两次对德乌帕政府提出不信任提案,在第三次扩大内阁会议上,尼共(联合马列)再次向三党联合政府提出不信任提案。最终由于大会党和民族民主党各自党内的矛盾问题,三党联合政府垮台。

1997年3月10日,尼共(联合马列)与民族民主党(昌德派)、亲善党共同组成了三党联合的新政府,由民族民主党议会党团领袖洛肯德拉·巴哈杜尔·昌德担任首相。这是昌德在其政治生涯中第三次担任首相。他于1939年出生,1975年由村议会进入全国评议会,正式开始了他的政治生涯。1980年他被选为全国评议会主席,1981年首次担任政府首相,1983年辞去首相一职。1990年春,昌德再次被任命为首相,但是当时正处于政治动荡时期,尼泊尔国内正在进行大规模的政治运动,不久后全国评议会解散,尼泊尔开始实施君主立宪制,至此,昌德结束了他的第二次首相职务。他第三次担任首相职务与前两次都不同,这次是多党派联合,他需要在推进政治工作的同时处理好党派之间的关系。1997年3月19日,昌德政府通过了议会信任案的表决。在新的多党派政府中,三个党派坚持的口号都不相同,民族民主党提倡民族主义,提出要维护国家和民族的民主。尼共(联合马列)提倡进步的民主主义,提出要解决劳动人民最关心的衣食住行的问题。亲善党提倡促进社会平等和消除社会分歧。尽管他们持有的意见不同,但是在促进国家发展上,他们还是保持一致的,都主张要发展国家经济,解决贫困和失业问题,发展教育,慢慢走向自力更生,还要保持国内政治局势的稳定,努力建立一个稳定的多党派联合政府。但是事与愿违,大会党利用民族民主党内部的矛盾,在民族民主党公然分裂为昌德派和塔帕派时联合塔帕派反对联合政府,最终,昌德政府坚持了7个月就解散了。

1997年10月6日,大会党联合民族民主党(塔帕派)和亲善党组成了新的三党派联合政府。之前大会党在联合民族民主党(塔帕派)推翻昌德政府时与其签订了协议,因此塔帕派只能担任10个月的首相职位,10个月之后首相由大会党的人接任。但是塔帕派在担任了3个月的首相职务后,就面临着非常大的压力,不仅有来自尼共(联合马列)与民族民主党昌德派联合施加的外部压力,还有来自塔帕派内部的压力,不得已塔帕派向国王提出解除协议,进行中期选举,希望可以有一条另外的出路,但是国王驳回了这个请求,最终塔帕派还是选择辞去了首相职务。1998年4月12日,大会党的吉里贾·普拉萨德·柯伊拉腊出任政府首相,建立了大会党一党政府。但是与前几次一样,一个党派当政,其他党派总是会联合起来推翻它。这次,尼共(联合马列)的书记马达夫·库玛尔·内帕尔带领着一个代表团到首相吉里贾·普拉萨德·柯伊拉腊面前提出了36条要求,其中包括:要求组织具有高级决策权力的公民委员会;要求在解决不丹难民的问题上更进一步;要求在利用尼泊尔水利资源时,在形成共识的基础上制定国家政策;要求让印度的军队退出尼泊尔的领土卡拉巴尼;等等。尽管大会党执政期间,尼共(联合马列)一直在使用各种方法阻挠,但是其政府最终还是有惊无险地坚持到了1999年5月的第三次大选。

1999年5月举行的大选是尼泊尔恢复议会民主制后的第三次大选,这次选举的方法与前两次的不同,实行两轮选举法。第一轮选举在尼泊尔的35个县90个选区里进行;第二轮选举在39个县102个选区里进行。大选最终结果是大会党当选,但是又回到了多党派政府,大会党领导人克里希纳·普拉萨德·巴塔拉伊担任首相,他对外宣称,这一届的大会党政府会实现对民众的许诺。但是事与愿违,巴塔拉伊仅任职了几个月,其与大会党主席吉里贾·普拉萨德·柯伊拉腊的权力斗争就进入了白热化,最终在柯伊拉腊的发难下,巴塔拉伊辞去了首相一职。2000年3月,吉里贾·普拉萨德·柯伊拉腊再次出任首相。这时的尼泊尔有许多亟待解决的棘手问题,如人民贫困与失业的问题、各个政党之间的斗争问题、政府贪污腐败的问题以及反政府派的武装斗争问题。2000年8月柯伊拉腊出访印度,但是访问结果没有达到预期,因此受到了全国上下的指责,此时距柯伊拉腊任职还不足半年。从印度回来的第二天,政府内阁水资源大臣就带领着60多名议员对柯伊拉腊发起了反对活动。党派和政府里很多人对柯伊拉腊一个人担任两个重要职位很不满意,他们要求柯伊拉腊要么辞去政府首相这一职位,要么将大会党主席这一职位交给党派内更年轻的一代。后来大会党政府在国有航空公司租赁飞机的业务中被发现有贪污行为,要求柯伊拉腊下台的呼声就更高了。

　　2001年6月1日晚,尼泊尔发生了震惊世界的王室惨案。比兰德拉国王一家在这次血案中不幸丧生,共13人被枪杀,王储迪彭德拉身受重伤,被送往医院抢救。政府成立的官方调查小组对外宣布,这次惨案的凶手正是王储迪彭德拉。在6月1日晚举办的例行聚会上,王储迪彭德拉与王后在婚姻问题上发生争吵,一时气愤,酒后开枪对其他人进行扫射,之后自杀。6月2日上午,尼泊尔国务会议对外宣布性命垂危的王储迪彭德拉为新国王。同天,在奇特旺度假的比兰德拉的大弟弟贾南德拉回到加德满都,成为摄政王。6月4日,迪彭德拉因抢救无效死亡,摄政王贾南德拉成为新的国王。[①]

―――――――――

　　①　王宏纬:《尼泊尔》,社会科学文献出版社2004年版,第136页。

王室惨案的发生使得柯伊拉腊领导的政府遭受了在野党和广大人民群众的指责,又因为柯伊拉腊在处理国家亟须解决的问题上并没有什么大的作为,要求他下台的呼声变得更高。7月20日,柯伊拉腊被迫辞职,大会党领导人谢尔·巴哈杜尔·德乌帕再次出任首相。

2001年的下半年,尼泊尔境内的反政府武装力量活动更加频繁,在尼泊尔西部地区,他们经常袭击警察局。尼泊尔境内的反政府武装活动其实在1996年就有了苗头,因为无法忍受当时的政府一直不解决政府的贪污腐败和人民的民生问题,尼泊尔共产党中分裂出的尼共(毛主义)宣布开始一场"民主战争"。尼共(毛主义)的武装斗争从尼泊尔的中西部地区开始,范围慢慢扩大。但是刚开始的时候,当局领导人并没有在意这场武装斗争,任其发展的后果就是最后变得难以收拾。

尼泊尔的军警机构在世界上一直饱受批评,他们执法暴力,这也导致了恶性循环,执政者与广大劳动人民更加疏远,又因为尼泊尔长期积累了许多不能解决的问题,如贫困问题、民生问题、政治斗争问题等,民众对当局更加失望,这也导致了尼共(毛主义)的力量进一步加强。尼共(毛主义)在尼泊尔75个县中的30多个县里建立了自己的政权,在全盛时期甚至控制了全国40%的地区。最开始的时候,尼共(毛主义)的武器都是老式的步枪和廓尔喀弯刀,但是后来他们通过袭击警察局来获得枪支,通过偷盗和抢掠来获得资金支持,尼泊尔与印度边界的开放更是助长了他们的力量。德乌帕领导的政府与反政府武装先后进行了3次谈判,但是由于反动武装组织要求当局废除君主立宪制,改为实行共和制,双方一直未能签订协议。后来,反政府武装组织不断扩大自己的势力范围,甚至在2001年11月撕毁了停火协议,袭击了驻加德满都以西的一个政府军兵营。虽然国王贾南德拉调集了忠于政府的军队和武装民兵参与战斗,但是尼泊尔国内的形势还是愈加严峻。最终,新任国王贾南德拉在内阁的建议下,于 11 月 26 日宣布全国进入紧急状态。

尽管政局动荡,在当代经济全球化的形势下,尼泊尔在 20 世纪 90 年代初期也开始进行改革,使得内向型经济向开放型的市场经济转变,一度出现了较好的发展势头。当局政府努力促进制造业结构升级,引进外国先进的技术,鼓励私人投资,积极发展中小型企业,发展家庭手工业和出口型产业,积极吸引外国投资,多种经济成分共同发展。尼泊尔一直注重发展的旅游业成为经济的重要支柱之一。旅游业的发展不仅增加了人民的就业机会,还带动了纺织业、交通运输业、服务业和手工业的发展。1997 年至 2001 年,尼泊尔国内生产总值呈增长趋势,外贸出口额也在增长,从 1997 年的 41050 万美元增长至 2000 年的 78570 万美元。除经济增长以外,尼泊尔的人口数量也在不断增长,从 1954 年的 840 万人增长至 2004 年的 2600 万人。但急剧增长的人口抵消掉了许多发展红利,仅仅一代人的时间内,尼泊尔就从粮食出口国变为净进口国。又因为连年的与反政府武装的斗争,尼泊尔的农村更加落后。战争使得一些桥梁和电话线被摧毁,一些正在修建的工程也被迫停止,本该用于农村发展的资金被政府挪去其他地方。据统计,与尼共(毛主义)的战争,损坏了价值约 300 亿卢比的基础建设,政府支付的军队开支高达 1080 亿卢比。在这期间,整整一代儿童错失了受教育的机会。即使尼泊尔接受了外国半个世纪的援助并且获得了 40 亿美元的援助款,也仍然是世界上最贫困的国家之一。

除了经济方面,由于社会制度的变革,科技和思想解放潮流快速普及,对尼泊尔的传统文化、封建思想及宗教信仰也产生了很大影响。电脑、手机、无线网络等的快速普及,使得人们能够足不出户就了解到世界的发展变化以及各种信息,对破除封建思想的禁锢有很大帮助。例如,在尼泊尔的传统中,高种姓的女子不能嫁给低种姓的男子,但是如今,女子已经不在意男方是否是低种姓,而是更看重男方的其他条件,这是一个巨大的进步。

中篇

尼泊尔的今生

小国的现代化之路

北中南印　左右平衡

尼泊尔北面与中国毗邻,东、南、西三面与印度接壤,远离海洋,缺乏与世界其他国家进行经济交流的便捷水陆通道。在经济全球化深入发展的今天,这样的地理位置无疑是先天的劣势,这也就意味着尼泊尔缺乏独立与世界上许多国家进行贸易的机会。

尼泊尔的工业起步晚,规模也小,机械化水平低,大部分工业产品依赖进口,主要工业产品包括纺织品、木制品、皮制品、非金属矿产品、钢铁、食品、饮料等,工业产值占全国 GDP 的10%左右。尼泊尔的进出口长期处于不平衡状态,贸易赤字大。主要进口产品有金银、机械设备、电器、通信产品、石油产品、食用油、羊毛、化肥、药品、水泥、化学制品等。主要出口产品有地毯、成衣、豆类、生麻、皮革、金银首饰、手工艺品、羊绒披肩、酥油等。印度是尼泊尔最大的贸易伙伴,中国现为尼泊尔第二大贸易伙伴。中国对尼出口商品主要有计算机通信技术产品、非针织钩边服装、塑料底鞋、仪器仪表等;从尼进口商品有皮革、金属制品、小麦粉、小电器等。2021 年 1—6 月,中尼贸易额为 8.2 亿美元,同比增长 75%。其中,中国对尼出口额为8.1 亿美元,同比增长 74.3%;自尼进口额为 0.1 亿美元,同比增长 145.7%。中国企业在尼新签工程承包合同额为 5.8 亿美元,同比增长 6.2%；完成营业额为 1.7 亿美元,同比下降 17.3%。

　　由于地理条件限制,尼泊尔的对外贸易对象主要是印度,其次是中国。据尼泊尔财政部统计,在 2015/2016 财年,和印度的贸易占尼泊尔总的对外贸易的 61.24%,由此可以看出尼泊尔出口严重依赖印度。然而,近年来尼泊尔和中国的双边贸易往来也变得日益频繁,2014 年,中尼的双边贸易额首次达到了 23.3 亿美元,在随后的几年中,因受尼泊尔大地震的影响,贸易额大幅下滑。不过在灾区重建后,尼泊尔积极主动融入中国的"一带一路"倡议,中尼双边贸易继续稳步增长。当前,印度仍然是尼泊尔最大的对外贸易对象。经济上的依赖带来了政治上的诉求,印度对尼泊尔政党政治的发展一直有着巨大的影响。近年来,印度进一步加强了对尼泊尔政党的政治干预,印度的一举一动都能对尼泊尔的国计民生产生巨大的影响。如 2015 年秋天的"禁运风波",印度只是切断了通往尼泊尔的物资运输路线,就直接断了尼泊尔的商品进出口之路。印度通过对尼泊尔进行经济施压,轻而易举地干涉尼泊尔的内政,这也使得尼印关系降至冰点,尼泊尔国内的反印情绪空前强烈。但即使经常处于此种局势中,尼泊尔政府也不得不选择对印度妥协,息事宁人。

资源奇缺　以农为本

　　尼泊尔地处喜马拉雅山南麓,世界上 14 座海拔超过 8000米的山峰中,就有 8 座在中尼边界的喜马拉雅山区。尼泊尔境内大多为丘陵地带,且多高山,中部地区为河谷区,南部是冲积平原,分布着森林和草原,森林面积约占全国面积的 25%。道路多被高山和河流所隔开,这样的地理环境造成了尼泊尔境内交通不便,基础设施建设比较落后,对其国内商品、信息等的流通造成了很大的阻碍。

尼泊尔的农业发展基本依靠南部河流冲积平原,其耕地面积有 300 多万公顷,60％左右的耕地有灌溉设施,70％左右的国民从事农业生产,农业在国内生产总值中占比达到 26.4％,粮食自给率很高。

尼泊尔山多地少,主要发展山地旱作物,可耕种的面积并不大,且耕地资源分布不均衡,部分人拥有很多耕地,但其他居民只有很少的耕地或者几乎没有,如此一来,耕地的利用率也就下降了。虽然农业生产一直得到政府的支持,但是其生产方式仍然处于较为落后的状态,农业机械化水平较低。尼泊尔的粮食作物主要有水稻、玉米、小麦、大麦和小米,经济作物主要是甘蔗、烟草、黄麻、棉花、土豆等。同时,尼泊尔还有一些高附加值农产品,比如柑橘、苹果、蔬菜、蜂蜜、蚕茧、茶叶和咖啡等。尼泊尔也产出其他一些豆类和水果。对比世界其他国家,尼泊尔的农业还处于低效阶段,虽勉强可以维持自给自足的经济状况,但并没有很多的剩余农产品可进行对外贸易。

尼泊尔的畜牧业也很有特点。尼泊尔人民的主要肉类食品之一为羊肉,其畜牧业中,养羊业占较大比重。尼泊尔的养羊业主要饲养绵羊和山羊两种。绵羊毛用于加工地毯等。但是尼泊尔目前的羊毛生产能力有限,产量只占了整个南亚的一小部分。不同于羊,牛在尼泊尔国内很受重视,但黄牛和水牛的待遇有天壤之别。黄牛被当成神来供养,被称为“国兽”,可以在大街小巷自由活动,行人和车辆必须尊重黄牛,遇上它时必须绕道行走。水牛则可以宰杀、驱赶或者殴打,其皮革制品可以进行贸易。据统计,尼泊尔有牛 720 万头,其中水牛 540 万头。2016 年,尼泊尔有 3000 个奶牛养殖场、424 个水牛养殖场,但是多数奶牛场规模很小,只有 5—10 头牲畜,少数有 20 多头牲畜,只有 10 个农场有 100—500 头牛。尼泊尔每天生产 190 万升牛奶,但是国内需求量为 240 万升,在已有的产量中,大部分(生)奶被农民消费,并没有进入市场,因此,尼泊尔不得不从邻国印度进口牛奶。奶供应量的不足使得尼泊尔政府不得不考虑发展其他畜牧业来为居民补充营养。近年来,尼泊尔的养猪业发展较快,尼政府采取提供优先贷款和免征所得税等政策来全力支持养猪业。①

　　由于尼泊尔农业生产的机械化水平较低,也没有普及专业化的农业管理模式,农业生产总值还相对较低,尼泊尔在农业上仍有很大的发展空间。尼泊尔的农业和过去几十年相比已经有了巨大的提升,这一切都离不开尼泊尔农民的辛勤劳动和对美好生活的向往,以及当地政府客观、合理、有针对性的政策指导。如今,当地政府重视农业的发展,对农业的投资每年均有几百亿卢比。特殊的地缘环境决定了尼泊尔拥有的矿产资源也非常有限,且在铜、铁、锌、磷、镁、硫黄、云母、大理石、石灰石等诸多资源中,只有云母、大理石、石灰石等能得到少量开采,其他矿产很少被允许开采。

　　尼泊尔独特的地理位置和自然环境使其动植物资源,尤其是高原植被得到较好的保护。在首都加德满都西南,喜马拉雅山脚下,有个奇特旺皇家国家公园,整个公园面积巨大,达 540 平方千米。这里曾是皇家猎场,但后来为了保护野生动物,1973 年成为国家公园。现如今,奇特旺皇家国家公园凭借其独特的生态环境和珍贵罕见的动植物而闻名世界。园中有印度

---

　　①　资料来源:https://www.dairyglobal.net/industry-and-markets/market-trends/cattle-farming-in-nepal-why-farmers-cry/.

象、孟加拉虎、泽鳄、印度鳄、恒河豚等稀有动物。此外,公园还是独角印度犀牛这一世界濒危物种的最后保护地。地处加德满都东北的萨加玛塔国家公园海拔高度跨度相当大,这为它提供了非常独特的生态环境。萨加玛塔国家公园里同样物种丰富,这里光是鸟类就达 118 种之多。一些珍贵的动植物栖息在此,比如麝鹿、雪豹等动物,银枞、杜松、银桦等植物。

穷国富教　探求新生

经济的落后并不能阻挡尼泊尔人民对知识的渴望和对教育的追求。在一部中国纪录片《翻山涉水上学路》中,记录了尼泊尔的乡村孩子们一段艰辛的上学之路。这段路位于巴格马蒂省的昆普村,路况极差,是世界上最危险的上学路之一。这个村里上学的孩子每天的上学之路都是紧张危险的冒险之旅,这些来自昆普村的孩子不得不独自徒步翻过大山,利用摇摇欲坠的钢索推着铁筐穿越湍急的河流,然后在经常会发生交通事故的马路边上等待,希望能够遇到好心人让他们搭乘顺风车。昆普村的居民每天都要为孩子上学路上的安全担心,但每天的农活几乎要花费昆普村的居民一整天的时间,他们实在没有时间去送孩子们上学。尽管这样,村民仍坚持让孩子们去上学,因为他们都知道教育是打开成功之门的钥匙,一切都是为了过上更好的生活。这群孩子要想到达学校,必须先徒步走到山脚下的镇子上,这个过程中,要穿过特耳苏里河。这条河流在每年雨季来临时都会有 60 米宽,孩子们一旦掉进河中,很可能会被淹死,这条起源于喜马拉雅山脉的河流成为昆普村孩子们上学路上最大的敌人。

与此相比,家庭富裕的学生的上学路就简单多了。在尼泊尔,教育的不平等存在于城乡之间,存在于贫富阶级之间,虽然政府倡导孩子接受义务教育,但许多农村孩子却不得不因为家庭经济问题放弃学业。就像纪录片中提到的昆普村的孩子,因为上学的路途遥远、艰辛且危险,所以他们在上课时经常要分心思考回家的路途。这些来自偏远大山里的孩子的成绩也几乎都是班级里的倒数,这样一来,他们接下来的升学也会面临困难。但对于那些富裕的家庭来说,他们有更多的时间和金钱让孩子接受更好的教育。

　　尼泊尔现在虽然是一个贫穷落后的国家,但贫穷不会改变孩子们对知识的渴望和对外面世界的向往,尼泊尔也一直在用实际行动来普及教育,并希望通过知识与教育改变国家命运。1950 年,尼泊尔的教育还只是贵族阶级能够享受到的特权,那时候尼泊尔国民识字率仅为 5%;1971 年,尼泊尔通过发布《国家教育系统计划》等改革措施,创建了更加现代和平等的教育体系;2009 年,尼泊尔发布了改革计划,该计划规划了尼泊尔之后几年教育改革的相关内容,主要是针对幼儿教育、初等教育、中等教育、职业教育和教师继续教育提出了目标和相关的解决方法;2011 年,尼泊尔王国的成人识字率已经达到了 60%,但和全球 84.6% 的平均水平相比仍有差距;2016 年,尼泊尔已经有了 3.5 万所中小学和 13 所高等教育机构。尼泊尔实行学龄前教育和 10 年义务教育,并且国家规定适龄儿童必须接受学校教育。如今,尼泊尔的农村孩子和城市孩子一样拥有受教育的资格和权利。当然,为了满足不同人对教育的需求,尼泊尔的学校也分为公立学校和私立学校,私立学校的花费要更大,相对来说,教育的水平和质量也稍高一些。最能体现出尼泊尔对教育的重视的一点是,不管是在公立学校还是在私立学校,尼泊尔几乎都采用西方最先进的教学方法。这种高质量的教学给尼泊尔的孩子们带来的好处是显而易见的,可以让孩子更加自主地学习,具有更强的学习意识,掌握最前沿的知识。

　　虽然尼泊尔很重视教育,并且在一些国际组织和其他国家的援助下,尼泊尔的大部分公立中小学实行免费教育,书本费、服装费、午餐费全免,国家会提供给孩子们书包等学习用品,有校车接送,但依然无法改变师资和教育资源等稀缺的现实。

　　造成尼泊尔经济落后的另一原因是尼泊尔的种姓制度。种姓制度最初是从尼泊尔的邻国印度传过来的,如今早已在尼泊尔生根发芽。种姓制度将民众大致上分为4个种姓:婆罗门、刹帝利、吠舍和首陀罗。其中婆罗门的地位最高,刹帝利、吠舍和首陀罗种姓的社会地位依次降低。种姓之间的差距代表的是阶级之间无法逾越的巨大鸿沟。高种姓与低种姓之间是禁止通婚的,也不能坐在一起吃饭,高种姓的人甚至不能接低种姓的人递过来的东西。尼泊尔国内人民的贫富差距是种姓制度带来的,社会资源、教育资源等在不同阶级之间的分布极其不均。虽然尼泊尔在1951年爆发了争取民主的人民革命,在1962年,马亨德拉国王在评议会宪法中正式废除了种姓制度,且尼泊尔政府也一直在倡导自由婚恋,但事实上尼泊尔是一个以印度教为国教的国家,种姓制度借助印度教的教义已经根深蒂固。只要尼泊尔依旧信奉印度教,那么种姓制度就不会在尼泊尔真正消亡,只不过大家不会再像以前一样放在明面上谈论。印度教认为上帝在创造人的时候,用嘴巴创造了婆罗门,所以婆罗门是祭司阶层,主要工作是讲经布道,主持宗教仪式;用两条胳膊创造了刹帝利,所以刹帝利是武士阶层,主要职责是领兵打仗;用两条腿创造了吠舍,吠舍就是商人阶级,所以商人到处走来走去;用脚创造了首陀罗,所以其主要职责是种地,这是最低级的种姓。这4个种姓之外,被边缘化和剥削最严重的种姓是达利特,这些人被认为是贱民,他们几乎没有任何人权，并且一直遭受社会的歧视，主要从事清扫垃圾、粪便等污秽的工作。按照血统将人们划分为不同等级的种姓制度，用当代的眼光来看，是极其不公正的。等级较低的种姓和其他边缘化群体获得基本服务和受到教育的机会较少，发展的机会也较少。据报道，在尼泊尔与印度接壤的德赖地区，2016 年达利特人只有 23.1% 识字，相比之下，高种姓中有 80% 的人是识字的。数据可以很清晰地反映出种姓制度带来的不公平，而这还只是真实情况的冰山一角。

种姓制度催生了尼泊尔严重的贫富差距，也造成了加德满都山谷等较发达地区与较不发达的农村地区之间的城乡差距。在尼泊尔的城市里，有富人区和贫民区，富人区的商场里大多摆放着来自中国和其他国家的进口产品，这里的生活可能是贫民区的居民一生都无法接触到的。贵族的孩子能接受到国内甚至国外最好的教育，但穷人的孩子可能连上学的机会都不曾拥有。

除了种姓制度外，尼泊尔的教育不平等还体现在男女性别上。尼泊尔存在重男轻女的观念，在这种大环境下，男女的受教育机会必然存在一定的不平等。虽然尼泊尔小学的男女生入学比例相差不大，但是尼泊尔本身就是一个性别比例不平衡的国家，女性人口较多。尼泊尔没有接受教育的孩子中，有 2/3以上都是女孩。随着年级的升高，女孩在班级中的比例逐渐下降，辍学现象也更加明显。对此，国家专门出台政策鼓励女孩就学，对生育女孩的家庭进行经济资助。在各种政策和国际援助的支持下，1973—2016 年，尼泊尔初等教育和中等教育入学率性别平等指数从 0.17 增长到了 1.08，这意味着女性入学率已经略高于男性。但基于国家经济实力，这些政策还是不足以给女孩提供良好的教育环境，并且在旧的思想观念的影响下，女孩辍学的状况仍很严重,女孩们很少能继续受到更加高等的教育也成了一个无奈的事实。

　　尼泊尔在 2016 年制定的义务基础教育政策规定,所有尼泊尔的孩子都能够免费接受公立教育。从世界银行的数据来看,尼泊尔初等教育的净入学率从 1999 年的 66.3％增加到了 2016 年的 97％,基础教育在全国得到普及。尼泊尔的教育制度分为初等教育、中等教育和高等教育。初等教育就是小学教育,这个阶段的课程主要是语言教育,也就是母语尼泊尔语,第二语言英语,另外还包含数学、科学、社会科学、体育和一些选修科目等。尼泊尔的大多数孩子都能够接受初等教育,即使是那些家庭条件不好、生活在偏远地区的孩子的父母,也都鼓励自己的孩子去上小学。从初等教育到中等教育,也是要通过考试的。尼泊尔的中等教育包括初中和高中,每个阶段各 2 年,初中包含九年级和十年级,高中是指十一年级和十二年级,学生需要接受完这 4 年中等教育才有考大学的资格。但在此之前,学生们需要先接受完初等教育,也就是上完了八年级后,通过考试,才能进入中等教育的大门。在这时,尼泊尔的学生们面临两个选择:普通中等教育和职业技术类中等教育。前者更加偏向于学术方向,未来可以参加考试,进入大学学习;后者则是学习快速适应社会所需要的职业技能,如果学生选择职业技术类教育,那么他们就不能够像前者一样考入大学。从世界银行提供的数据来看,尼泊尔中等教育的净入学率从 2007 年的 44.9％上升到了 2015 年的 60.4％,但依然较低。统计数据显示,大约只有 1/3 的学生能够从小学顺利毕业,其余的学生要么中途辍学,要么由于家庭贫困、家庭离学校太远等不得不终止他们的学业。普通中等教育大部分还是延续初等教育的科目,如尼泊尔语、英语、科学、数学和社会科学等。为了进入高

等教育的大门,学生们必须在十二年级结束时通过要求严格的
高中毕业考试。一般来说,这场考试会刷掉几乎一半的人,换
句话说,在所有接受完初、中等教育并且参加考试的学生中,有
一半人是因为考试不通过而无法继续接受教育的,当然,这里
还没考虑那些因为家庭经济情况较差而没有选择继续学习的
学生。对于那些选择职业技术类教育的学生,他们经过严格的
技能培训,学习了各种课程后,再通过学校的相应考核,就会获
得国家技能测试合格证书,他们的技能在社会生活的各个领域
能得到广泛的运用。

尼泊尔的大学主要培养人文社会科学、理工、医学等方面
的人才。整个加德满都只有一所综合大学,其他都是专科分
院。大学里,科学、数学、英语为热门专业。尼泊尔的高等教育
发展较慢,直到 1986 年,尼泊尔都只有一所大学,那就是特里
布文大学。这所大学始建于 1959 年,是第一所向公众开放的大
学。特里布文大学在尼泊尔有着特殊的地位,也是尼泊尔目前最
大的大学,在 2015/2016 年度,约有 4/5 通过考试的尼泊尔学生
进入了该所大学。据联合国教科文组织统计的数据,尼泊尔的教
育支出越来越多地由私人来源承担,越是高级别的教育,私人支
出所占的比例就越大。在 2014/2015 年度,所有教育资金中有一
半以上来自私人家庭,其次是援助组织。由世界银行的数据可以
看出,政府用于教育的支出占 GDP 的比例从 2009 年的 4.6% 下
降到了 2015 年的 3.7%。尼泊尔的高等教育还存在一个明显的
问题,那就是总体毕业率低,由于课程的难度较高和教育资源有
限,学生考试的及格率很低。就拿特里布文大学为例,该校本科
学历课程的及格率在 2015/2016 年度仅为 26.6%。

时代的发展让尼泊尔的年轻人比他们的父辈更加幸运,因
为他们有更多接触教育并通过教育改变自己人生的机会。当

然,在尼泊尔同样可以选择留学,那些无法利用奖学金出国的学生为了出国深造不得不支付高昂的学费。尼泊尔人出国留学基本选择英国、中国、印度这几个国家,主要学习医学、计算机、工程学等专业。由于尼泊尔经济发展落后,国内也缺乏一流的大学,所以国际学生较少选择尼泊尔作为留学地点。

　　教育资源不足是尼泊尔教育不得不面对的最大的问题。就拿师资来说,据统计,尼泊尔平均每所小学只有 5 名教师,教师与学生的比例是 1∶39。尼泊尔的学校不仅师资严重匮乏,还出现了师资地区分配不均的现象,这项差距体现在明显繁荣的城市和落后偏僻的山村中。再者,这些已有的教师中,还有很多教师是没有经过正规培训的。所以在尼泊尔,教师教育是一个值得重视的问题。尼泊尔的教师所需要的学历是与其他国家不一样的。对于在初等教育阶段任职的老师,他们只需要持有中等教育毕业证书即可,也就是说,上完了十二年级的学生可以在参加一段时间的教师培训后就开始教一年级到八年级的学生。相应地,如果要在中等教育阶段进行教学,老师则需要学士学位。这样的安排主要是为了将有限的师资力量作用最大化。在大学中,比较受欢迎的是一些理工科和管理类的专业,因为这些专业大多是尼泊尔目前想要发展的领域所需要的,薪酬更高。虽然政府也鼓励毕业生选择教师专业,但是和那些能够带来高工资的热门专业相比,教师专业毕业后所能拿到的报酬还是比较少的,特别是对于大多数来自贫困家庭的尼泊尔孩子而言,他们最希望的就是通过一份体面高薪的工作来改变自己未来的命运,这样一来,教师专业便显得有些冷门了。

大地震之殇

　　对尼泊尔而言,频繁而强烈的地震是谈论其当代发展历程时不可避免的部分。大地震对尼泊尔影响巨大,对其经济建设和民众生命安全均造成了严重影响。

　　尼泊尔处在全世界地震带最活跃的地区之一,即印度板块和亚欧板块交界处。喜马拉雅山就是这两大板块碰撞挤压形成的。两大板块时时刻刻都在相互碰撞,其结果就是带来一次又一次的地质变化,例如喜马拉雅山不断升高、大小规模地震频发等。2015 年 4 月 25 日发生的 8.1 级地震,是尼泊尔近年来发生的最强烈的地震,首都加德满都受到严重影响。这次地震是继 2001 年中国昆仑山 8.1 级地震、2005 年智利 8.1 级的地震、2008 年中国汶川 8.0 级地震和智利 2010 年 8.8 级地震后 21 世纪的第五次大地震。尼泊尔 8.1 级地震给整个国家带来沉重打击,诸多生命消逝,产生了难以估量的经济损失。

　　尼泊尔的首都加德满都城区布局非常紧凑密集,小巷狭窄,民用建筑大多没有经过专业人员设计,所以抗震效果非常差,再加上地震使得地面开裂,地上无数倒塌物横陈,非常不利于人员的疏散和逃生,这也导致了地震造成损害的严重程度进一步加剧。不仅民用建筑倒塌无数,而且尼泊尔首都加德满都的历史文化遗产均遭损坏,多处砖砌建筑物和木建筑如寺院等坍塌,不少历史遗迹被地震夷为平地,并且很难恢复。地震还破坏了一些通信基础设施、机场等,造成了交流和交通的不便,为之后的各种救援带来了麻烦。尼泊尔也从这次浩大的劫难中吸取了很多的教训，并向公众传播了很多关于地震灾害的知识，以便居民在地震中保护自己。

地震后尼泊尔民生的恢复离不开其他国家的人道援助和国际组织的支持帮助。在加德满都发生了大地震后，尼泊尔政府马上向其他国家和国际组织寻求帮助。中国和印度是第一批响应尼泊尔求助的国家。据媒体报道，地震发生的第二天，中国国际救援队就已经赶到尼泊尔首都加德满都，成为第一支抵达尼泊尔的联合国认可的重型国际救援队，并且迅速展开救援工作，开展灾后医疗防疫救援。中国出动了中国国际救援队、空军运输机分队、直升机分队、医疗防疫队、交通部队等 8 支救援力量共 1088 人，动用 8 架运输机、3 架直升机和 190 台工程机械等参加救援，累计搜救幸存人员 2 人，转运尼方受困人员 22 人，进行医疗救治 2387 人次，挖掘遇难者遗体 18 具，防疫洗消 80 万平方米，空运援尼物资 416 吨，打通中尼公路尼方 36 千米。尼泊尔的地震让许多世界文化瑰宝遭到了巨大的损害，而中国派遣的救援人员中还包括了经验丰富的艺术品修复大师，他们帮助尼泊尔尽可能地修复文物。

在大地震发生后，尼泊尔的财政陷入了危机，尼泊尔政府没有足够的经济能力承担起灾后的一系列救援和重建工作。这时，中国政府立即决定向尼泊尔提供价值 2000 万元人民币的紧急人道主义物资援助，包括帐篷、毛毯、发电机等灾区急需的物资，帮助尼方开展救灾安置工作。根据灾情需要，随后中国政府又提供了价值 4000 万元人民币的净水设备、外伤急救包、帐篷和毛毯等。

不仅是中国，俄罗斯、美国、澳大利亚、日本、法国、荷兰、德国、阿联酋、波兰、比利时和土耳其等国也纷纷向尼泊尔伸出援助之手,世界卫生组织向尼泊尔地震灾区移交了 4 套紧急医疗装备并提供了救援基金,以满足受灾民众急迫的医疗需求,希望能够救助在地震中受灾的游客和当地居民,并给他们提供良好的医疗帮助。

地震之后,尼泊尔的经济受到很大的打击,直接受到影响的就是尼泊尔的旅游业。旅游业在尼泊尔经济中扮演着相当重要的角色,2014 年尼泊尔的旅游业收入占经济总量的8.6%。并且旅游业带给尼泊尔的经济效益并不只是体现在 GDP 的占比上,旅游业给尼泊尔人带来了就业机会,从而缓解了国家宏观上的经济压力。据统计,旅游业为尼泊尔提供了超过 100 万个就业岗位,大大地解决了闲置劳动力问题。旅游业受到影响主要是因为加德满都本身就是尼泊尔的经济中心和旅游中心。2021 年 6 月 17 日的《加德满都邮报》报道,尼泊尔中央统计局发布的旅游分析报告显示,尼泊尔旅游业成为尼泊尔就业人数第四多的产业,包含加德满都谷地在内的巴格马蒂省是该国旅游业从业人员最多的省,有 49234 个旅游机构,占所有旅游机构的 36.5%。2019 年,旅游业对尼国内生产总值和就业的贡献分别为 6.7% 和 6.9%,较地震前有所下降。大地震发生后还伴随了一些余震,光是安全就很难给予游客足够保障。同时,由于尼泊尔的经济较为孱弱,很难快速地在短期内将一些基础设施修复。尼泊尔大地震使得文物损失巨大,来尼泊尔旅游的游客大部分还是以参观体验尼泊尔独特的艺术、建筑、宗教等文化为目的的,所以尼泊尔文物的破坏一定程度上消解了游客来尼泊尔的热情。这些被破坏的文物古迹,每一样背后的价值都难以用金钱来衡量。

2015 年的大地震给尼泊尔的经济带来了很大的影响,特别是在震中的加德满都是整个尼泊尔的经济中心的情况下。从表1可以看到尼泊尔GDP的变化情况。2009年尼泊尔的GDP为128.55亿美元,2010年增长到了160.03亿美元,2011年依旧是增长,达到了189.14亿美元,到了2012年又略微下降到188.52亿美元,2013年反弹增长到了192.71亿美元,2014年达到了200.03亿美元。这6年内,除了2012年尼泊尔的GDP略有回落,其总体大致呈现增长的势头,可以看出在大地震发生之前,尼泊尔的经济还是有蓬勃发展趋势的。2015年尼泊尔发生了大地震,但地震给尼泊尔经济带来的影响实际上是在2016年表现得最明显,2016年其GDP只有211.32亿美元左右,比2015年减少了将近3亿美元。2016年尼泊尔GDP的年增长率也为2009—2018年10年内的历史最低,只有0.41%,甚至不及2009年GDP增长率的1/10。受2015年大地震的影响,尼泊尔2016年的人均GDP增长率甚至直接降为负值。

从数据中可以看出,尼泊尔度过了受大地震影响最大的2016年后,在之后的2年内经济已经明显得到良好的恢复和发展,2017年和2018年的GDP年增长率甚至超过了大地震发生之前的增长率。当然,主要的原因还是灾后重建的刚性需求使得建筑、制造等行业忙碌了起来。据尼泊尔的《加德满都邮报》报道,世界旅游理事会公布的《2018年旅行及旅游业经济影响力报告》显示,在2017年度,尼泊尔的旅游业为尼泊尔的GDP直接贡献了998亿卢比,占全国GDP比例为4%,接待游客人数94万人,同比增长24.86%。2018年,尼泊尔旅游业实现总收入为2407亿卢比,提供就业岗位105万个,对该国GDP的贡献达到7.9%。据生活在加德满都的居民说,尼泊尔大地震后,旅游业恢复,从世界各地来的游客反而比地震之前还要多。

曾经一度沦为废墟的加德满都现在每天都会有数不清的游客。

表 1　2009 年至 2018 年尼泊尔国内生产总值

年份	GDP/亿美元	GDP 年增长率/%	人均 GDP 年增长率/%
2018	288.12	6.29	4.55
2017	244.72	7.50	6.32
2016	211.32	0.41	−0.72
2015	214.11	3.32	2.12
2014	200.03	5.99	4.72
2013	192.71	4.13	2.88
2012	188.52	4.78	3.56
2011	189.14	3.42	2.27
2010	160.03	4.82	3.72
2009	128.55	4.53	3.50

（本表数据来自"生意社数据"）

城市剪影

相传在释迦牟尼出生前,尼泊尔还是一片荒凉的沼泽地。预知佛祖即将诞生,文殊菩萨慈悲为怀,不畏艰辛,提前二十余年率领弟子从五台山前往尼泊尔,开荒泄洪,营造城池,以迎接伟大的佛陀降临人间。在文殊菩萨的慈悲加护下,尼泊尔成了一个美丽富饶的国家,因此,尼泊尔首都加德满都又被称为"文殊帕坦"。尼泊尔与佛教的渊源可见一斑。

在马拉王朝第六位国王逝世后,他的三个儿子在加德满都谷地中各自割据一方,分别据有今加德满都、巴德岗、帕坦,他们各自在这三座城市建立了杜巴广场。"杜巴"即为"皇宫"之意。三座杜巴广场都气象万千,拥有自己独特的气质。加德满都谷地中的三座城市一共拥有七组历史遗址和建筑群,包括加德满都、帕坦和巴德岗王宫广场,斯瓦扬布纳特寺,博大哈佛塔,帕舒帕蒂纳特寺,昌古·那拉衍神庙等。这些建筑融宗教艺术和地方文化为一体,精彩纷呈。

加德满都：千庙之都　底蕴浓厚

加德满都的杜巴广场位于城市的中心位置,其中央是著名的印度教湿婆神庙,其他如贾格纳神庙、塔莱珠神庙、库玛丽女神庙等围绕它分布。湿婆神庙又称"太后庙",是马拉王朝的一位国王为其母亲所修建,距今已有数百年的历史。它用红砖砌成的九级台基作为基底,主体建筑为方形的三层三重檐木结构的纽瓦丽塔式建筑,给人以高大、壮丽之感。神庙主殿内供奉的湿婆神,是印度教中代表了创造、保护和毁灭的主神,而最让人感到神奇的是,供奉印度教神灵的建筑顶部,却是一座尖顶佛塔。这是印度教与佛教相融合的绝佳范例。贾格纳神庙建于1563年,它凭借庙宇屋顶处支撑屋檐的斜托木上著名的印度教彩绘雕塑而闻名于世,又称"爱神庙"。神庙是一座双层建筑,供奉着印度教中的宇宙之神贾格纳,无论是在屋檐还是壁面上都可以看见赤裸裸的生殖繁衍的场景。印度教如此注重生殖繁衍,与印度教宣扬生殖崇拜息息相关。神庙一年只开放一次,作为鼓励人们生育的处所吸引着人们来此祭拜游览。加萨满达庙是整个加德满都的中心,位于杜巴广场的西南面。它高约二十米,传说以同一棵大树的木料建成,故称"独木庙"。它外形为四方形,共有三层三重檐,每一层都建有围廊,其中供奉着戈拉克纳特的神像。①

　　加德满都布局以杜巴广场为核心,层层向外延伸,每个区域又以大小不一的广场作为中心。加德满都的地标性建筑之一是达拉哈拉塔,位于加德满都孙德哈拉的中心。达拉哈拉塔以民族英雄达拉哈拉的名字命名,古塔高九层,修建于1832年,用来纪念尼泊尔民众反抗英国殖民者的活动,对尼泊尔人民具有重大意义。1934年大地震时,达拉哈拉塔受到严重损坏,后来又被修复,遗憾的是2015年的尼泊尔大地震最终还是让达拉哈拉塔完全倒塌。杜巴广场玛珠神庙群主体也在这次地震中完全坍塌。

　　现在,尼泊尔这个国家和尼泊尔人民都在努力地平复2015

---

　　① 邵继中、胡振宇:《尼泊尔加德满都杜巴广场建筑之美学特征及哲学精神研究》,《中外建筑》2015年第10期,第84—88页。

年大地震所带来的悲痛和损失。尼泊尔在地震之后马上开始了重建工作，积极修复地震损坏的建筑、基础设施、文化遗物等，迅速调整并重新开放旅游业。尼泊尔在大地震当年的秋季登山季就向登山者开放了珠穆朗玛峰。杜巴广场也因地震受损，修复完成之后，重新对游客开放。

　　大小不一的广场周围，都立有神庙和神像。位于杜巴广场东侧的哈努曼多卡宫，是李查维王朝时期修建的，长期作为沙阿王朝王室的居所，又被称作"老皇宫"，宫内有 12 个庭院，包括一座展示尼泊尔王室物品的特里布文博物馆。在宫殿入口大门处左侧，可以看见在印度教中象征惩恶扬善的猴神哈努曼。哈努曼拥有四脸八手，传说它神通广大，无所不能，胡适认为《西游记》中美猴王的形象原型便是猴神哈努曼。在宫殿门口的上方共有 3 组木雕，有印度教的宗教故事，也有抚琴听乐这样的生活场景。内部有一只五彩斑斓的石狮，骑着石狮的便是印度教主神湿婆与其妻雪山女神帕尔瓦蒂。在纳萨尔庭院东南处的巴森塔普尔楼就是著名的九层殿，是这个庭院中最高的建筑，高 35 米。殿内碑文记载了沙阿王朝的丰功伟绩。猴神庙则在西北处，共有 5 层，因庙里的哈努曼猴神有鸟王、人狮、猴、驴、猪五副面容，故得名"五面猴神庙"。走在哈努曼多卡宫的长廊上，可以欣赏石柱上精美的动植物雕像，细密繁复的纹路向人们昭示着老皇宫的威严。老皇宫的意义相当于尼泊尔的故宫，它在大地震中主墙开裂并有部分坍塌，建筑基本损毁。

　　在加德满都泰米尔区的东边，有一处仿佛与世隔绝的地方，那便是梦想花园。它于 19 世纪 20 年代由尼泊尔的陆军元帅按照爱德华七世的宫殿风格修建而成，是一座欧式花园。整个花园静谧而和谐，充满着浪漫古雅的气息。在清澈的水池对面,能看见具有尼泊尔风格的大象雕塑,显示了这是一座东西方风格相结合的优美建筑。

最受印度教信徒偏爱的神庙是塔莱珠神庙,建于1549年。神庙高约37米,为3层建筑,建在12级的基座上,基座的边缘有石材或砖的雕刻装饰,有多种纹理。庙内供奉的塔莱珠女神是马拉王朝的家神、保护神,这里曾经一度作为王室家庙而风光无限。在它第八层最宽大的台基上,还建有10余座精致的金顶小庙。神庙庙檐四角像飞檐一般外翘,檐角下挂有华幔。神庙旁有一座面目狰狞的黑拜拉弗神像,历来为尼泊尔人民所尊崇,传说在神像面前撒谎便会遭到神罚。另一位被尼泊尔的人民所崇尚的女神是库玛丽女神,其庙宇建于1517年,即著名的"活女神庙"。库玛丽女神为"难近母"的化身,每任女神都从释迦族的年轻女孩中精挑细选而来。其神庙是典型的3层红砖式建筑,神庙的支柱、窗台上都有精细的木雕装饰。

在加德满都西面一座海拔不足2000米高的山上,坐落着斯瓦扬布纳特寺。斯瓦扬布纳特寺也称"四眼天神庙",距今已有2000多年历史,传说释迦牟尼曾经于此讲佛。斯瓦扬布纳特寺的主体为一座高大巍峨、约有50米高的舍利塔,底座为四方形,塔身为金黄色圆锥形,塔基为白色半球形,在佛教中代表了孕育生命的母体。塔基内部有金顶佛龛,内供五方佛,代表五智、五德、五戒。上半部分四方形的4个面上,各绘有一双佛眼。佛眼乃佛教中"五眼"的最高境界,佛眼居于高处,似乎天下的一切都为它所了解,人们的一举一动都无所遁逃。如佛教中所说,佛为觉者,故觉者之眼为佛眼,佛眼具有洞悉一切的力量。每双慧眼下面还有一个问号形的尼泊尔数字"1",象征着佛的鼻子,在佛教中,它意味着"只有止恶行善,方能离苦得乐",象征着大千世界的和谐统一。佛塔共有5层:第一层为基

座;第二层为塔身;第三层为面积层层递减的 13 个铜制镀金圆
盘,象征十三层天界,菩萨的十三行位;第四层是象征日、月的
双层圆轮;第五层塔顶托着一个复杂的巨型华盖,以木料为底,
悬挂着小铜钟,发出的钟声即象征着涅槃。佛塔下方还有信徒
在转动一排排转经轮。这座佛塔是尼泊尔佛教金塔建筑的
典范。

　　在加德满都城东,有亚洲乃至世界最大的覆钵体半圆形
佛塔——博大哈佛塔。博大哈佛塔是世界文化遗产,又称圆
满大塔,是尼泊尔的地标性建筑,也是许多虔诚的佛教徒向往
之处。博大哈佛塔相传是观世音菩萨的化身,为了解脱众生
苦恼、满足众生愿望而建。据传说,塔具有神奇的能量与功
效,有愿望的人士前去绕塔三匝,愿望即可实现。整座塔外形
是典型的尼泊尔建筑风格,同时也融合了藏传佛教的佛塔样
式,是世界上最大的圆佛塔,于 1979 年被列入联合国教科文
组织发布的"世界遗产名录"。塔身共有 5 层:第一层代表
"水",是白色的大圆顶,建在 3 层平台上,整体形状为覆钵状
半球,象征佛的世界浑圆博大,底部有由 108 个佛像组成的佛
像石雕小壁龛;第二层代表"地",为方形结构,四面都有巨大
的佛眼,表示佛法无边;第三层代表"火",由 13 层方形台阶组
成,整个这一层是座金色的尖塔;第四层代表"气",是伞形结
构,有圆形华盖,华盖下面挂着连接塔基底部铁杆的彩色旗;
第五层代表"天",为螺旋结构。整座博大哈佛塔最让人震撼
之处是塔身上方有一双巨大的佛眼,仿佛诸佛注视着众生。
据说佛眼中,一只眼睛代表知识,另外一只眼睛代表智慧,这
双佛眼俯视着加德满都河谷,吸引着来自世界各地的游客。
高大的佛塔、神秘的佛眼、虔诚的信徒,构成了一幅让人震撼
的画面。在博大哈佛塔广场上可以看到群鸽飞舞的场面,因

为尼泊尔人相信万物皆有灵气,鸽子曾经在印度教的神话故事里出现过,所以鸽子成为尼泊尔人信奉的神灵之一,他们相信鸽子可以实现人们美好的愿望。在广场上能看到最多的还是朝圣者,他们很多身穿藏袍,手捻佛珠或转经轮,绕佛塔边喃喃诵经边行走。塔周围充满了宗教氛围,充满了人对自然、对神灵的敬畏。漫步博大哈佛塔广场,手捧一杯咖啡,环视路上的行人与广场景象,不禁会有"心中充满欢喜与自在,抛去人世间的浮沉与烦恼,得到世间的解脱与大自在"的感慨。

在加德满都,还有一条美丽的巴格马蒂河。帕舒帕蒂纳特神庙就坐落于河畔,神庙建于公元 5 世纪,被列入世界文化遗产。帕舒帕蒂纳特神庙也是尼泊尔最大的印度教神庙,供奉着印度教主神湿婆。神庙主体是一座双层檐斜坡屋顶的塔庙建筑。神庙周围是大大小小的寺庙。在帕舒帕蒂纳特神庙经常能看见焚烧尸体的场面,死者根据不同的身份在神庙旁的巴格马蒂河畔两侧的火葬台进行火化,越靠近神庙代表身份越高贵。在火葬仪式结束后,骨灰则撒入巴格马蒂河,最终流向印度教徒心中的圣河——印度恒河。

漫步在加德满都的大街小巷,常常会在意想不到的地方,看到有数百年历史的神庙和雕塑。要是在发达国家,这些雕像可能早被收藏进了博物馆。而在加德满都,它就在普通老百姓的身边,因为这些在旅行者和历史学家眼中冰冷的文物,在尼泊尔人心里,是有灵性的,通过它们与神进行心灵沟通,是大部分尼泊尔人日常生活的一部分。

在 2015 年尼泊尔大地震发生之前,这里的历史建筑在千年风霜中傲然挺立,不曾为风雨折腰。

博大哈佛塔侧面

博大哈佛塔正面

巴德岗：都城之外　庙比房多

尼泊尔是个宗教氛围很浓的国家，这也让它的文化、艺术以及民俗都带上了神秘的色彩，吸引了无数人去参观游览。尼泊尔的居民友善、热情，他们欢迎不同国家的人到尼泊尔游玩，了解并体验尼泊尔的风土人情、自然景观和人文历史等。由于尼泊尔是极不发达的国家，这里的消费水平也会相对较低，这一点也吸引了大量的游客。这个僻静的小国，带给游客的是神秘、安宁。当人们说起尼泊尔时，脑海中出现的往往是那些渺茫迷离、气象万千的庙宇以及在那里生活着的自给自足又性格温和的尼泊尔人。提到尼泊尔，仿佛我们依然在讲述着宗教的故事，思绪不由自主地被牵引，飘向另一个超然无我的世界。尼泊尔历史长河中的任何一个时段，与宗教的联系都十分紧密。2006 年以前，尼泊尔是世界上唯一以印度教立国的国度。在尼泊尔漫长的历史中，无论是古代的李查维王朝，还是之后的马拉王朝，其统治者无一不是印度教的忠实信徒。但是印度教并不是尼泊尔人的唯一信仰，除了印度教之外，长久以来，佛教、苯教等宗教也在尼泊尔人的宗教信仰中占有一席之地。近年来，随着宗教的改革，基督教与伊斯兰教也在这片祥和的土地上生生不息——尼泊尔拥有令人惊叹的宗教包容性。在各个宗教派别中求得平衡绝不是一件易事，尼泊尔能做到，其中有历史的渊源，也不乏后代的努力调和。

尼泊尔首都加德满都往东 14 千米处，是加德满都谷地另外一个大城市——巴德岗。巴德岗又名巴克塔普尔，公元 13 世纪马拉王朝曾在这里定都，是加德满都谷地的三大城市之一。这里的法希得噶神庙是尼泊尔中世纪建筑和艺术的发源地，被称为"尼泊尔的文化之都""中世纪尼泊尔城镇生活的橱窗"。巴德岗拥有悠久的城市历史,是曾经辉煌的马拉王朝的国都。也因为如此,巴德岗的古建筑丰富多样。在巴德岗的中心,有三大闻名遐迩的广场:杜巴广场、陶马迪广场和塔丘帕广场。巴德岗在尼泊尔语中的意思为"稻米之城"或是"虔诚者之城",足以想见其在众多信徒心中的神圣地位。这里有着不计其数的寺庙,走在小巷子中,也时常能够看见寻常人家所供奉的神像。巴德岗的杜巴广场在加德满都谷地的 3 座杜巴广场中规模最大,瓦斯塔拉杜迦神庙、拉克西米神庙等都是广场上不容错过的景致。在几年之前的巴德岗杜巴广场上,首先吸引人们注意的是一座石制的三角形建筑,那是修建于 17 世纪的瓦斯塔拉杜迦神庙,里头供奉着杜迦女神。若要进入三层宝塔内部,得走上层层石阶,两旁还有印度风格的石雕大象镇守。可惜的是,2015 年尼泊尔大地震之后,瓦斯塔拉杜迦神庙完全坍塌,观光者再也看不见它原本的风姿了。

在距离杜巴广场不远处的陶马迪广场上有一处地标性的建筑——尼亚塔波拉神庙,又称"五层塔"。尼亚塔波拉神庙是尼泊尔最高的印度教建筑,于 1702 年修建,是一座约 30 米高的 5 层基座 5 层屋顶的典型纽瓦丽式建筑。5 层台阶两侧自下而上皆有石像守卫:第一层是单膝跪地的印度教力士加亚马拉和帕图;第二层是披着盔甲的大象;第三层是一双石狮;第四层是狮身鹫首的怪兽;第五层则是 2 位女神辛格西尼与巴格西尼。神像按照力量的大小,由力士到女神逐级排列,力士的力量是普通人的 10 倍,大象的力量又是力士的 10 倍。与拉克西米神庙一样,尼亚塔波拉神庙供奉着毗湿奴的妻子"吉祥天女"拉克西米女神。拉克西米女神是印度教密宗所崇拜的女神。

和加德满都的杜巴广场不同的是,巴德岗的杜巴广场被称为宫殿广场。巴德岗建筑群中最引人注意的便是王宫。这个硕大的建筑从正面看,首先映入眼帘的是一个巨大的金灿灿的大门,门的主体是砖红色的墙和金色的浮雕或佛像。门上的佛像多为数个一组,显得有些破旧,这是因为每一个从王宫大门前走过的当地人都会摸一摸大门上的金色佛像,这就使得最低的那几尊佛像上的浮雕有些已经被磨平甚至磨破了。金色大门上的花纹显得繁复又不失秀美,凹凸不平的浮雕有着当地人才懂的深刻含义。王宫中国王的浴池也是一大亮点。浴池的出水口刻了11只动物,栩栩如生,其中最为明显的是鳄鱼,其余的10只动物簇拥着这只鳄鱼,极其真实且富有灵性。王宫中还包含了一个博物馆似的展厅,里面陈列了铜像、唐卡、佛像等各类精致的手工艺品,它们大多表意较为直接,没有任何遮遮掩掩,当地人认为隐藏在尼泊尔完全没有必要。宫殿里陈列的艺术品图案颜色大多十分鲜明,以大红色、白色、蓝色为主,这3种颜色中,红色又占很大比重,给人以一种强烈的视觉冲击。其颜色搭配大多为红黄、红蓝等。大多展品左右对称,人物或是其他主体占据整个画面中心的位置。除了关于佛教的作品外,还有一些具有强烈生活气息的展品,这类富有生活气息的作品在展品中占了相当大的一部分。

在巴德岗皇宫著名的正门黄金门的右侧,有一座4层砖木结构、装饰精细的宫殿——五十五扇窗宫殿。宫殿建于马拉王朝时期,布帕亭德拉·马拉国王为了使自己郁郁寡欢的妃子重展笑颜,用黑漆檀木做了雕花木窗,一共有55扇。如今,在宫殿的内壁仍然可以看见国王亲手绘制的图案,可见国王为造这座气派的宫殿所花费的心血。雕花的技艺精湛而繁复,檀木纹理细密而华美,窗户规格不同,形状也不一,但整体却十分和谐,是难得一见的佳作。

尼泊尔已发现的最古老的印度神庙是昌古·那拉衍神庙,

位于海拔约 1500 米的山顶，至今已有 1600 多年的历史。沿着石阶路向上，可以看到周围的红墙上到处挂满了玉米棒，堆了一层又一层，地上的布上还晒满了其他的谷物，如稻米等，有着浓浓的生活气息。石阶路边还时常会出现一些小的作坊，墙壁上挂着各式各样的色彩鲜艳的画。作坊有做石雕的，有做木雕的，也有做脸谱的，其中唐卡作坊较为著名。脸谱大多为红白或是红黑或是蓝黑，脸谱小作坊的老板会把还没做完的工艺品放在地上晾晒，路边也会有很多女工描绘着白坯脸谱，参观这些小作坊能感受到浓郁的当地文化氛围。走过这段石阶路，可以看到一个小广场，广场边的廊坊陈列着许多做工精美的神像石碑，庄严而又带着神秘的色彩。穿过神庙门就到了神庙的内部。神庙分为里外两层，大体呈红色和橙色，庙檐的颜色是黄色，通过镂空的木刻和石刻与主体相连接。神庙的顶部倾斜度较大，有很好的排水效果。最顶上是一个金色的尖，刻着精致的镂空图案。庙外是由加德满都谷地中最精美、最有特色的石雕、木刻、金属手工制品等堆砌而成的雕塑，它们使神庙显得更古朴与沉稳，木刻又显现出神庙的精致，而金属的手工制品不仅使神庙显得金碧辉煌，更体现出一种巴德岗特有的风土人情。神庙主要是用来供奉毗湿奴神及其 10 种化身的。

巴德岗的神庙可谓历史悠久，庙中有着"神比人多"的传说。走在巴德岗的街上，能看到形态各异、别具一格的庭院、神庙和一些纪念广场，它们大多是由各式各样色彩鲜艳的鹅卵石路连接起来的。这些神庙、庭院、纪念广场凭借着其悠久的历史与浓厚的文化积淀，成了心向神明的人们的天堂。独特的地理环境和人文环境塑造了尼泊尔独特的宗教建筑风格。尼泊尔地处东南亚，其他一些国家的文化也会潜移默化地影响到尼泊尔，特别是其邻国印度的文化，这些影响可以在尼泊尔的宗教建筑中窥见。众所周知,尼泊尔是个多宗教的国家,尼泊尔的两大主要宗教是印度教和佛教,所以尼泊尔的宗教建筑可以分为印度教建筑和佛教建筑两大类。若按建筑类型划分,尼泊尔的宗教建筑可分为 6 种,分别是都琛式神庙、多檐式神庙、锡克哈拉式神庙、穹顶式神庙、佛塔、寺院。这些建筑有着相似之处,大多具有纽瓦丽式建筑的重要标志——陡檐斜撑和较为宽陡的屋檐。采用这种结构主要是考虑到地形,因为加德满都谷地位于喜马拉雅山南坡中部,处于印度洋暖湿气流与北方高寒气流的交汇地带,春夏季节雨水不断,所以需要较高的屋檐来挡雨排水,斜撑木条如同中国传统建筑中的斗拱设计,主要起到稳固屋檐的作用。加德满都谷地的原住民纽瓦丽人擅长制作繁复精细的雕刻,这也是纽瓦丽传统建筑的一大特色。在神庙众多的加德满都杜巴广场,我们能看到纽瓦丽雕塑炫技式的呈现。只要是看得到的地方,几乎都有雕刻工匠的作品,透过这些丹漆斑驳的雕塑,我们能感受到一个工匠如何用极限表达的方式来向神灵表示自己的虔诚。多檐式神庙是加德满都谷地特有的建筑,也是纽瓦丽传统建筑的代表之一。这是纽瓦丽人创造的辉煌建筑艺术,影响力曾一度到达中国。北京的妙应寺和五台山的白塔寺,就是这种风格的杰作。多檐式神庙通常建在方形台基上,有二层到五层不等,层层向上收缩。神庙以砖木结构为主,屋檐用斜木支撑,宽陡的斜檐和密集的斜撑是多檐式神庙与另一种更为古老的纽瓦丽式建筑——都琛式神庙共有的特征。从这一点我们可以大概推断出两种建筑的传承关系。

帕坦:建筑之都 艺术之城

帕坦是加德满都谷地的三座古城之一,又称"拉利特普尔"，意为"艺术之城"，也是谷地的第二大城市，与加德满都仅隔一条巴格马蒂河。帕坦已经有 1700 多年的历史，其古建筑群规模极大，保存程度最为完好，具有古拙的气质。其中，黄金庙、杜巴广场、黑天神庙、红观音庙等极具知名度的古建筑是行游帕坦的必经之地。

黄金庙建于 12 世纪，整座建筑都是黄铜镀金，看起来金碧辉煌、蔚为大观。寺庙门口有一对尼泊尔风格的带有鲜明性别特征的石狮子，步入寺庙可以看见各式各样的雕像。寺院各角都有一只屈膝蹲坐、姿态各异的铜猴雕像。在铜猴的后方是一排刻有文字的转经轮。庙中主要供奉的是佛教创始人释迦牟尼，因此黄金庙也是尼泊尔释迦族人的族庙。黄金庙是正方形的三层建筑，在内庙门前有两尊乘骑大象、双手合十的菩萨守卫，由于门内是释迦牟尼佛，可以判断这两尊乘骑大象的菩萨为释迦牟尼的胁侍菩萨。黄金庙庙顶垂落的条带在尼泊尔语中被称作"帕塔卡"，尼泊尔人认为神灵步入人间就是经过这样的飘带。飘带上也精细地织上了细美的花纹，端部位置常绘有寺庙主神像。[1]

在帕坦杜巴广场的西北部，有建于 1637 年的黑天神庙，也称克里希纳神庙，为宗教建筑中典型的锡克哈拉式神庙。相传励精图治的马拉国王于睡梦中梦见黑天神，受到黑天神的感召而修建此庙。神庙为用石头建造的五层建筑，两层高台基为底座，寺庙主体为尖锥体，呈现出一种孤高耸立的感觉。廊柱、门顶、外檐、塔顶等处都雕刻有各种造型优美、意蕴丰富的图案和神像。神庙二层供奉着黑天神，黑天神为毗湿奴的化身；三层

---

[1] 王加鑫：《加德满都谷地传统建筑探究》，南京工业大学硕士论文，2015 年。

供奉着湿婆；四层则供奉着佛陀。这是又一处展现尼泊尔宗教文化融合共生的例子。黑天神是毗湿奴的化身，因此，神庙的前面修建了他的坐骑金翅鸟迦楼罗的铜质雕像。而在神庙四周的石墙上，雕刻着印度著名史诗《罗摩衍那》和《摩诃婆罗多》的故事。

红观音庙建于1408年，因供奉玛琴德拉纳特神，也称玛琴德拉纳特神庙。玛琴德拉纳特神为男身观音，为观世音的化身之一，在佛教密宗里称作今世菩萨。此神在中国始现女身，在印度教里则为湿婆神的化身，故被佛教徒和印度教徒所共同信奉。神庙庙檐上雕有一尊今世菩萨像，雕像下面是人被打入地狱后的种种惨状。

在接触了这样多的尼泊尔本土建筑后，那令人眼花缭乱的雕刻、数不胜数的神庙会在我们心中留下深刻印象。总体而言，尼泊尔建筑以宗教建筑为主体，宗教建筑影响皇宫，而二者又共同为居民建筑做表率。神庙建筑都有层数不一的台基，作为一种向导带领人们走进神秘的宗教世界。斜撑是尼泊尔建筑中极为有趣的部分，可以分散主体重力，支撑屋顶，最精妙绝伦的是斜撑上无与伦比的细致雕刻，是反映与传播宗教文化的重要载体。寺庙建筑的宝顶与壁龛、垂带等都极具尼泊尔特色，甚至尼泊尔随处可见的石狮也与中国佛教里传统的石狮造型大相径庭，呈现出不一样的尼泊尔风貌。尼泊尔是"万神之国"，也是"千寺之国"，走在尼泊尔的大街小巷，无论是古朴却威严的建筑所带来的对宗教的思考，还是尼泊尔人民其乐融融、安然的生活态度，都会让游客被尼泊尔这个神奇之境深深吸引。

尼泊尔是由多个种族迁徙聚居而形成的国家，民族性格中就有着宽和包容的特征。在地理位置上，尼泊尔居于内陆，不似沿海国家的人民那样具有冒险精神，而是更加喜爱偏安一方、稳定和美的生活。佛教文化与印度教文化是尼泊尔文化中两颗闪耀的珍珠。虽然历史上宗教之间出现过互相打压的情况，但大体上仍相互尊重、和谐共处。二者之间的融合与共生是不可多得的奇迹。600多年前，马拉王朝的国王贾亚斯提提·马拉在全国建立种姓制度，把所有宗教信徒都囊括在内，这称得上是一次宗教之间的大融合，同时也稳固了印度教的地位。佛祖释迦牟尼就诞生在尼泊尔的蓝毗尼，因此佛教在尼泊尔的地位十分重要。这样的文化融合背景造就了今日的尼泊尔。走在城市里，随处可见佛教寺庙，印度教的神庙、塑像。传统的佛教家庭时常去印度教神庙祭拜，而信仰印度教的人们也熟悉佛教的教义。了解尼泊尔宗教文化与艺术的独特之处，无疑要通过建筑。众多的神庙和建筑风格能让我们体会到不一样的魅力。

　　每一种宗教建筑都有其独特的魅力和风格。之所以在尼泊尔会有这么多种宗教建筑，最终原因也归于尼泊尔人民对宗教虔诚的信仰和尊重。建筑上留下的痕迹都是历史的记录，尼泊尔的人民怀着坚贞的信仰建造了一座座堪称艺术杰作的宗教建筑，这些建筑在尼泊尔独特的宗教环境、自然环境、人文环境下熠熠生辉。

异域文明的协奏曲

蓝毗尼园 世尊故里

尼泊尔受印度影响的明显标志之一就是宗教以及和宗教有着纠缠不清关系的种姓制度。据尼泊尔文献记载,马拉王朝在打败李查维王朝以后,为了融合越来越多的民族人口,进一步统治复杂的社会,统治者开始利用宗教,并在尼泊尔进一步建立种姓制度。除了尼泊尔外,其他东南亚国家种姓制度的建立过程也大体如此,均是受印度教影响。尼泊尔是一个以旅游业为支柱产业的国家,其中位于尼泊尔心脏的加德满都谷地,更是世界遗产的宝库。这里不仅是尼泊尔的政治文化中心,也是亚洲光辉灿烂的文明与宗教文化的交点,其中,佛教和印度教的建筑,是尼泊尔艺术的巅峰。被列入世界遗产名录的有1979年列入世界文化遗产的加德满都谷地、1979年列入世界自然遗产的萨加玛塔国家公园、1984年列入世界自然遗产的奇特旺皇家国家公园和1997年列入世界文化遗产的佛祖诞生地蓝毗尼。

关于佛祖释迦牟尼的出生年份,众说纷纭。中国六朝时期的南齐僧人根据《众圣点记》推断佛祖出生于公元前565年,这一说法流传最广。释迦牟尼父亲名为乔达摩·首图驮那,意思是"纯净的稻米",所以人们称他为净饭王。净饭王的妻子是玛雅黛维王后,也译作摩耶夫人。摩耶夫人是邻国天臂城善觉王的长女。净饭王与摩耶夫人感情非常好,但是结婚多年无子,直到净饭王 50 岁的时候,摩耶夫人才第一次怀孕。据佛教传说,摩耶夫人在睡梦中看见一头六牙白象腾空而来,从右肋进入腹中,醒后发现自己怀孕。王后孕中心情愉悦,无忧无虑,每天喜欢到幽静的树林和水边散步。按照古印度的风俗,女人分娩前必须回娘家,于是,等到摩耶夫人产期将至,净饭王准备好行装,并派多名卫兵、侍女护送摩耶夫人前往天臂城。在回城的路途中,经过迦毗罗卫城和天臂城交界处的蓝毗尼园时,摩耶夫人深感疲乏,于是在花园中休息。她走到一棵葱郁茂盛的菩提树下,伸手去触摸树叶,此时惊动了胎气,就在树下毫无痛苦地生下了一个王子。王子刚一出生就行走七步,每走出一步脚下就生出一朵莲花,并且右手指天,左手指地,宣称“天上天下,唯我独尊”。据佛经记载,释迦牟尼佛出生的时候,天空出现祥瑞之兆,仙乐鸣奏,花香四溢,诸天神前来朝拜,大地大放光明,万物欣欣向荣,天空流下两条银练般的净水,为王子沐浴,这也是“浴佛节”的来历。这个消息一经传出,净饭王非常高兴地率领众臣与侍卫前去蓝毗尼园迎接摩耶夫人与王子。王子出生后五天,父亲净饭王邀请国中有名望的学者前来为其起名,经过讨论,大家一致同意给王子取名为乔达摩·悉达多,意思是“吉祥”和“成就一切”。据佛经记载,悉达多王子出生不久,一位名叫阿私陀的仙人来到王宫,以神通观看未来,先是面露微笑,之后又哀伤无比,微笑是因为王子必定觉悟成佛,悲伤是因为自己太老了,将不久于人世,无缘于佛陀的教诲。

　　很遗憾的是,摩耶夫人生下悉达多王子后就因病去世了,悉达多王子幼年时代由姨母摩诃波阇波提王妃抚养。悉达多王子在十六岁时与耶输陀罗结婚。二十九岁时,他困惑于生而为人,终有摆脱不掉的生老病死愁而悲苦忧恼。为了给众生寻求人生真谛与生死解脱,悉达多王子毅然舍弃王位,抛弃繁华世间,走上求道之路,日夜苦修,经历艰难困苦,在菩提树下静坐沉思,终于正觉明道。世人尊称他为"释迦牟尼佛祖"。

蓝毗尼,在梵文中是"可爱"的意思。蓝毗尼园古属印度迦毗罗卫城,今位于尼泊尔境内靠近印度的边境小镇鲁明迪旁。作为佛教创始人释迦牟尼的诞生地,蓝毗尼园是世界各地佛教徒心中的圣地。蓝毗尼园原为某古代国王夫人蓝毗尼的花园,因此而得名。20世纪90年代,尼泊尔在蓝毗尼园内修建了摩耶夫人寺。现在的蓝毗尼文化园以摩耶夫人寺为核心,以摩耶夫人寺前的人工运河为中轴线,不同的寺院分布在运河两侧。大乘佛教寺院集中在运河西侧,小乘佛教寺院则集中在运河东侧。摩耶夫人寺的建筑造型别有特色,庙的外墙为白色,庙内供奉着一块石雕图,图上是摩耶夫人诞子图,还有摩耶夫人右手扶着菩提树的石雕像,雕像旁边是悉达多王子端正站立在莲台上。摩耶夫人寺旁边屹立着一根石柱,这就是著名的阿育王石柱。石柱发掘于19世纪,是孔雀王朝的皇帝阿育王设立的。佛陀涅槃200多年后,公元前250年,阿育王拜访蓝毗尼园,为弘扬佛法,留下一根纪念石柱。这里是佛陀诞生地,因而成为宗教的免税地。此外,阿育王还在印度各地修建了三十余根纪念碑式的圆柱,一般高十几米,刻着古老的波罗蜜文字和阿育王的亲笔敕文。唐代玄奘取经时曾到蓝毗尼园朝拜,见到此石柱,并且留有文献。根据他的《大唐西域记》记载,尼泊尔考古局在蓝毗尼园附近发掘出古代释迦时期的废墟,发现了一批珍贵文物和神龛、佛院遗址等。经过人们的不断发掘修缮,那些沉睡于地下2000多年的讲经坛、菩提树、水池逐渐出土,各种文物遗迹充分证明,这里就是摩耶夫人产子之地,佛祖释迦牟尼就出生在这里。后来佛教在尼泊尔式微,蓝毗尼园成为一片荒地。1896 年,英格兰杜伦大学的科宁厄姆带领一队考古学家在此地挖掘到一座建于公元前 6 世纪的木结构佛教寺庙,遗迹布局与地面的庙宇相同,中央包含了一个开放的空间,其内部确实存在古代树根。考古研究证实,庙宇存在的时间更早,也证明了释迦牟尼出生于公元前 6 世纪。研究团队在国际期刊发表了一篇论文,认为古时候蓝毗尼园的建造顺序是佛教从一个地方性宗教团体发展成一个全球性宗教的缩影。后来,考古学家发现了阿育王石柱,才确认了此处确实为佛祖诞生之地。1997 年,蓝毗尼被联合国教科文组织列入世界文化遗产名录。

在摩耶夫人寺的外面,有一处方形的水池,传说是摩耶夫人生产前沐浴的池子以及佛祖出生后洗浴的地方。据说斯里兰卡和不丹的国王每年都要来这里取水,带走祈福。水池边有一株很粗很茂盛的菩提树,但是这并不是摩耶夫人扶着生下佛祖的那一棵。据传说,孔雀王朝的阿育王一生征战,后来信仰佛教,来到蓝毗尼园时见到佛陀的伟大事迹,心生感慨,放下屠刀,立地成佛。后来阿育王的王后心生愤怒,来到蓝毗尼园,毁坏了当初摩耶夫人扶着生下佛祖的那一棵菩提树。现在看到的这棵树是后世人为缅怀佛陀,特地在池边种的。这棵树据说也有几百年历史了,树下安放的是当地的民间神祇。尽管这样,也并不妨碍诸多信徒对这棵树的膜拜。蓝毗尼园是佛教信徒的四大圣地之一,他们以一口池子、一座庙宇、一根柱子以及一棵树来纪念释迦牟尼佛的诞生。

1968 年,尼泊尔政府对蓝毗尼园进行了复原,1970 年成立了开发蓝毗尼的国际组织,并指定日本的建筑师丹下健三负责设计蓝毗尼总规划图。规划图于 1978 年获得联合国和尼泊尔政府批准。20 世纪 80 年代,联合国教科文组织及蓝毗尼开发委员会共同规划建设了约三平方千米的蓝毗尼圣园。园区共分为两个区域：一个是存放释迦牟尼佛舍利的舍利塔区域，供信众顶礼膜拜；另一个是禅修区域。此计划一出，尼泊尔国内佛教各派纷纷表示会积极支持与鼎力相助。但是就目前来看，非常遗憾的是，圣园中除了中国、泰国、缅甸等少数几个国家参与建造的寺庙有僧侣修行，其他屋舍依然空置。

在蓝毗尼圣园里，也有供各个国家和地区的佛教徒修行的场所，其中的中华寺，寺院门口有一尊汉传佛教著名高僧——本焕和尚的雕像。本焕和尚对佛教贡献极大，中国很多寺院都是他设计的。这座寺庙于 2000 年落成，前来蓝毗尼圣园观光旅游的中国游客都会来到这里参拜。

南来北往　工艺精湛

商人从我国西藏收购到羊毛、药材、盐巴，或者从中东和欧洲收购到精美的手工制品后，都会到尼泊尔停留一段时间，来观察、修整、完善收购到的艺术品。艺术品的流通、艺人和商人的技艺切磋使得尼泊尔的艺术品商业和手工艺品贸易繁荣兴盛，给尼泊尔带来了巨大的财富，也促进了尼泊尔手工艺品行业的发展。

巴德岗因制陶闻名，因此有"陶艺之都"之称。巴德岗的陶器市场坐落在城内一个居民区内的广场上，虽说其坐落于居民区，却与居民的日常生活区域有着明显的分界线。当地的居民在该广场上用生活中能运用到的工具来制作陶器。这些陶制品大多比较粗糙，但其制作过程却并不简单。在这个广场上，我们可以看到陶器制作的全过程。陶器的制作包括和泥、拉坯、修磨毛坯、晾晒毛坯、烧制、修磨成品六步，有些比较精致的陶器还需要增加上漆这一步骤。这些看上去较为常见的步骤，倾注了当地居民的许多心血。制作陶器的居民，大都是老人或是妇女,几乎都穿着具有当地传统与特色的服装,跪坐或是蹲坐在地上制作陶器。这些工艺品颜色大多为深灰色、浅灰色以及古铜色,大多陶器是罐子、缸、盆、杯子等,成品和半成品在墙角或空旷的平地上堆成小山,看上去有着丰富的当地色彩和传统韵味。当地的居民几乎每天都会在广场上摆摊,而去巴德岗旅游的游客也几乎都会到陶器市场去逛一逛,为的是感受当地的文化氛围。但大多数人只是过来参观,没有多少游客是特地过来购买陶器的,即使偶有购买当作纪念品,也只是购买一两个,鲜少有游客会故地重游特地来购买陶器。所以该地大多数的陶器,并不是向游客提供的,而是向卖陶器的商家提供的。很多商家会来该广场购进一些成品或半成品,一些有心的商家还会来此地学习陶艺,为的是在卖出陶器的同时,对陶艺文化有所传承。

尼泊尔不仅有宏伟精美的宫殿与神庙,小的手工艺制品更是精美绝伦,尼泊尔以手工艺品之精美和种类丰富闻名世界。尼泊尔还是全世界最大的手工艺品售卖中心。尼泊尔的手工艺制品遍布各个小镇,不管是城市中心的小镇,还是偏远乡村的小镇,都有着琳琅满目的手工艺品,路过的游客几乎都会忍不住买几件回家。比如木雕,尼泊尔的雕刻艺术是世界闻名的,其木雕技术,大多运用在佛教建筑、装饰品及小型木雕手工艺品中。木材是尼泊尔十分重要的传统建材,现在用来制作木雕的木材大多是娑罗木、阿拉格什木和查帕木。木雕的制作工艺相当复杂,大件的木材十分沉重,适用于大型的梁、柱子的制作,用于支撑屋顶或是其他受力较大的结构。小件的木材则适用于制作精美及需要精雕细琢的小件物品。木雕图案精美、细致,对木雕技术的要求极高,出现偏差就无法修补,所以木雕工人进行装饰工作都会加倍小心,工作的执行也必须精确,不能有分毫的偏差。因为木雕的制作过程中不能有任何的钉子或者胶水的帮助，所以只能依靠雕刻技术使木雕的微小部件更加服帖。木雕展现出了尼泊尔工匠精湛的雕刻技术，正是他们高超的制作工艺才使得一件件木雕工艺品看上去更加精美。在尼泊尔的木雕工艺中，有一件被公认为最精美的杰作——孔雀窗。孔雀窗是纽瓦丽人的杰作，在王宫边上达塔特拉亚巷的里布加利寺墙上。孔雀窗的外沿是一个方形的窗，窗的左右两侧是对称的精美的柱式木雕，内侧每边各纵向站立着十二只鸽子，上方是层层叠加的层式木雕，虽说较为简洁，但也十分考验工匠的功力。孔雀窗的中心是一只开屏的孔雀，有十九根羽毛，尽显威严与高傲，仿佛在宣告着什么似的。不论是外框的鸽子与柱子，还是内部的孔雀，其雕刻都十分精致与细腻。孔雀窗的雕花大多用的是浅雕花，羽毛根根分明，神态也好似真实出现在眼前一般，活灵活现。

　　除了木雕，尼泊尔的铜雕中最有名的是尼泊尔的风铃。尼泊尔的风铃可以说是无处不在的，以金色、古铜色和银灰色三种颜色为主。各式各样、各种大小的风铃，远看是一道亮丽的风景线，近看十分精致。上面是长链条一环扣着一环，中间是一个大铃铛，有些也会有两三个小铃铛垂直悬挂，最下面是铜雕的一片长叶片，叶片刻画得十分生动细致，甚至可以看到茎叶的纹路。

　　最有名的手工艺品当数唐卡。唐卡是以彩缎装裱后用于悬挂供奉的宗教卷轴画。尼泊尔唐卡的历史源远流长，起源于5世纪，最开始的时候名为"博巴"，是流传于尼泊尔加德满都谷地的一种与当地佛教息息相关的绘画艺术形式。13世纪末至15世纪末，尼泊尔在绘画艺术方面发展迅速，这一时期，我国西藏许多寺庙中的壁画和唐卡也都出自尼泊尔。唐卡画布的制作较为烦琐,要用牛皮熬制的胶和石头粉涂抹在粗棉布上,再用鹅卵石奋力打磨晾干,如此反复五六遍,才能最终完成。绘制唐卡的颜料也十分讲究,原材料主要用的是金、银、珍珠、玛瑙、珊瑚、松耳石、孔雀石、朱砂等珍贵的矿物宝石,以及藏红花、大黄、蓝靛等植物,用这些颜料绘制而成的唐卡经历多年依旧辉煌灿烂。唐卡的制作过程较为复杂,不仅要消耗大量的工料,还会消耗大量的时间,一般来说,完成一幅简单的唐卡作品需要一周至一个月的时间,而大多数的唐卡作品需要约半年、一年甚至一年以上的时间才能完成。时间的长短不仅取决于画幅面积大小,还取决于绘制的人的功力深浅以及唐卡的精致与否。唐卡内容大多为神佛,先通过打线画描来绘制出神佛的骨架,固定其在画布上的位置与大小,该步骤使用炭笔;然后给其添加上服饰、宝器、法器等;最后给画卷添加上山水、花草、云彩、房屋、禽兽等。制作唐卡时,对神佛的骨架绘制要求极高,比例要求极为精确,这便需要画师们具有丰富的经验,即使是拥有多年经验的画师,在该步骤上也需要一次又一次地进行修改,才能做到比例精确无误。在打完草稿之后,便需要给线稿上色。该步骤是一项十分细致、需要耐心的工作。画师填色一般从较大面积的服饰开始,然后是天空、山水、花草、地面,最后是面部。画师为了使颜色有明暗的变化,会对着色完的唐卡上的各类颜色进行加粉处理。部分唐卡还会有附加的一步,便是用纯金加水加胶,描绘在唐卡的边缘或是涂绘于画布上,再用宝石笔头打磨,使其发光。

现在的尼泊尔唐卡大概可以分为 3 种画风:纽瓦丽画风、西藏画风和塔芒画风。其中纽瓦丽画风是流传最广、最值得一提的。这是一种有着浓厚宗教色彩与古老传承的唐卡风格,一直为尼泊尔皇家寺院或者贵族的寺庙所拥有,只在很小的范围内流传,后被一些世界著名的博物馆永久性珍藏,所以很难见到。传统的纽瓦丽风格唐卡以红黑、红蓝色调为主,构图一般是中间有一个巨大的神佛,周边绘制花草或者一些小的神灵,气息庄严。纽瓦丽风格以立体渲染著称,透视感极强,精美绝伦。该类画风原本只属于尼泊尔的宫廷,源自2500多年前的佛教圣地加德满都,受印度影响较深,色彩大胆夸张,形象鲜明生动,构图自然和谐,整体来说富丽堂皇。色彩夸张主要体现于红黑、红蓝的大胆配色,以及金色镶边的点缀,突出画面里神灵的圣明与光鲜,也给予观众更强的视觉冲击。唐卡对人物的描绘不仅仅是大体的轮廓准确,还有许多小的细节,如首饰、头饰,甚至连一些神明手上缠绕的藤蔓也栩栩如生。其整体风格庄重大气,颜料的层层叠加以及点染、渲染手法的运用,充分体现出唐卡的精致庄严。

舌尖美食　神牛崇拜

位于加德满都的泰美尔是尼泊尔的美食汇聚地,在这里不仅可以品尝到尼泊尔本地最具特色的食物,还可以享受到其他国家,比如中国、印度、日本、韩国等地的美食。在加德满都必吃的美食当中,以欧洲美食为最多。在一些四、五星级大酒店内,享受一顿正宗的异国风味美食,只需数百卢比。每年都有数十万人因为户外运动来到这个国度,无论是从事徒步还是登山活动,抑或是高空运动,每一个来到这里的人都要停留一周到半个月的时间,尼泊尔为他们提供了丰富的菜肴和独特的饮食文化。

尼泊尔美食中,奶茶是最亲民、最暖心的一样。在尼泊尔,南方盆地的人对奶茶没有太多的兴趣,但北方喜马拉雅山脚下的人,对奶茶格外青睐。尼泊尔的奶茶选用当地的红茶、牛奶和各种香料制成,味道醇厚,是当地人必不可少的饮品。如今这款饮品已经成为在珠峰南坡徒步时必不可少的补给。

"馍馍"是尼泊尔家喻户晓的美食。这道美食从发音上就和中国的馍有着不解之缘,尼泊尔的餐馆几乎都会卖这种美食。事实上这个"馍馍"有些像中国的饺子,即将肉和蔬菜打碎作为馅料,演变出的口味多种多样。尼泊尔和中国的西藏相邻,其饮食也多少受到藏族的影响,而这道美食其实就和西藏的藏包有关,两者在形状上也有些相似。不过在传到尼泊尔以后,当地人对这道美食进行了改进,使其更加具有尼泊尔当地的特色,更符合本地人的口味。它的烹饪方式有蒸、炸、煎和煮等。

尼泊尔比萨是一道传统的纽瓦丽族小吃,在加德满都人心中的地位好比北京烤鸭之于北京人。做法是先把米捣烂做成糊状,下锅煎成饼状,然后在上面铺上土豆、洋葱等辅料,主料有牛肉、蔬菜、鸡蛋3种。这道美食于20世纪50年代由我国西藏传入尼泊尔,经过改良,形成了一道具有尼泊尔特色的美食。手抓饭餐馆里的手抓饭配料也很丰盛,不仅有蔬菜,还可以选择鸡肉套餐。饭菜被盛在一个餐盘里,吃的时候,把菜浇在米饭上,用右手搅拌抓匀,然后捏出一小团,将饭团放进嘴里即可。

文化的展现少不了节日氛围的帮助。每个国家都有独属于自己的代表性节日,对于中国而言是春节,对美国来说是圣诞节,而尼泊尔最盛大的节日便是尼历六月举行的德赛节,有时候也被称为十胜节。这个节日的持续时间很长,足足有十五天,第九天的夜晚被称为"德赛节之夜",第十天则称为"胜利的第十日"。据说德赛节起源于降魔女神杜尔加与水牛怪摩希沙激战了九个昼夜,于第十天最终取得胜利,杀死了恶魔的故事,因而女神杜尔加也被称作"神圣的保护者"。据说杜尔加女神有个特殊的癖好，那就是喜欢鲜血，所以在这个节日里，尼泊尔人的主要传统就是用动物祭祀，以表示他们对杜尔加女神的尊重和感激。持续十五天的德赛节，通常会在第九天达到顶峰，以迎接德赛节的第十日。

尼泊尔人还有一个节日叫作洒红节，举办时间在二月到三月期间。这原本是印度的传统节日，不过后来逐渐传到其他一些国家，如尼泊尔、苏里南、圭亚那、毛里求斯和斐济等。洒红节也叫"胡里节""色彩节"，因为洒红节的活动中还包括点篝火、焚烧胡里等庆祝仪式。洒红节和泼水节有些类似，区别就是前者洒的是红粉和颜料，后者洒的是水。在洒红节这一天，无论是陌生人还是熟人，都会朝对方头上抛洒红粉，互相涂抹颜料。尼泊尔人庆祝洒红节是因为这个节日预示着冬天即将结束，同时也表达对春天即将到来的美好期望。据说在洒红节这个节日里，高种姓的人和低种姓的人能够短暂忘记阶级差距，通常由较低种姓的人将粉洒向高种姓的人。

每年八月的神牛节是尼泊尔的传统节日之一，根据尼泊尔的风俗，过去的一年里有亲人过世的家庭，这一天都要领着黄牛到大街上参加游行。游行前人们会先给母牛洗澡，特别是要把牛尾巴清洗得干干净净，然后再给母牛身上点缀上代表祝福的装饰，戴上寓意尊贵的花环，大家则跟在牛的身后，开始串街走巷。黄牛在印度和尼泊尔有着国宝般的地位。在印度教中，黄牛是很神圣的，公黄牛被认为是印度教主神湿婆神的坐骑，母黄牛则是带领信徒穿过冥河的圣兽。因此，尼泊尔人对黄牛非常尊敬，认为黄牛是上天眷顾他们而派来的使者，是非常珍贵的。1962年，尼泊尔政府正式立法规定，黄牛为国兽，严禁宰杀，违者处罚劳役。当黄牛老弱体衰难以寻食时，当地人便把它送入"国兽养老院",安度晚年。去世之后,再以重礼安葬。法律甚至规定,杀害黄牛和杀人同罪,至少会被判处 14 年有期徒刑。在尼泊尔,黄牛一般不拴在牛栏里,而是任其在外自由行走。无论是城镇还是农村,当黄牛走在路上时,行人和车辆都要小心谨慎地给它们让路。没有牛的家庭则让小孩打扮成牛的模样,为逝者祈福,当地人相信牛能引领逝者获得满意的超生。黄牛在尼泊尔享有特权,但并不代表其他品种的牛也有。每当尼泊尔有重大的节日需要庆祝的时候,基本都会供奉牛羊以示对神明的敬重。祭祀时所用的牛肉是水牛肉。事实上,不只是祭祀的时候使用牛肉,由于尼泊尔大力发展旅游业,在接待来自全球各个国家的游客时,尼泊尔的餐厅也会为客人提供牛肉,这个牛肉也是水牛肉,而非黄牛肉。当然也并非所有的水牛都可以宰杀,尼泊尔是一个禁止宰杀雌性动物的国家,所以只有雄性的动物可以用于祭祀或者食用。关于神牛节的起源,在尼泊尔国内主要有两种说法。一种普遍的说法是:尼泊尔人认为人死后都要去见阎罗王,而通往阴曹地府必须有神牛相助,所以有亲人去世的家庭为了让死去的亲人得到安息,需要举行牛节游行。还有一种说法是:一位国王丧子,王后悲痛欲绝。国王为了宽慰王后,下令举行牛节游行,并规定在牛节期间可尽情欢乐,可以发表任何言论,鼓励演出搞笑节目。尼泊尔在神牛节有一些传统的习俗,比如准备很多水果、点心、奶、粽子等食物作为祭品,还会敲锣打鼓以表示对神明的尊重。

尼泊尔以其特有的自然和人文景观吸引世界各地游客的同时,也面临着经济发展给环境带来的破坏。在尼泊尔迅速发展的首都加德满都,$PM_{2.5}$浓度一直非常高,并且还有进一步升高的趋势。空气污染是一个困扰加德满都的长期问题。加德满都地区严重的环境污染已经引起了当地政府的重视:城市到处都是雾霾,道路建设造成的污染使得河流大多是灰黑色的,并且由于居民的环保意识很弱,河水里都是生活垃圾。再加上加德满都特殊的谷地地形,四周的高山不仅不利于空气扩散,反而使得谷地内的空气污染更加严重。当然,同样重要的一个原因是尼泊尔大力发展旅游业,这个为外人所向往的理想中的"雪国"以它的独特的自然和人文风光吸引了全球各个国家的游客,而加德满都作为尼泊尔的首都,自然也是颇负盛名,所以,在旅游业的刺激下,旅馆、餐厅的改造和建设工程似乎从未停止过,在密密麻麻的游客脚下,街头无处不有旅游产业带来的垃圾。除了工业污染、城区交通拥挤、老旧的车辆排放大量超标尾气之外,寺庙焚烧大量物品也是造成空气污染的一个重要原因。

每个国家都有自己独特的文化习俗和魅力,被誉为"高山之国"的尼泊尔,凭借其独特的自然风光、神秘的宗教文化和艺术魅力吸引无数的旅游者来游玩。但是在尼泊尔游玩时,一定要尊重当地独特的习俗,比如说与尼泊尔人打招呼时要注意的细节很多。在尼泊尔,问候对方的同时,要双手合十以表示对对方的尊重。在传统习俗中,当尼泊尔人要去拜访他人或者接待客人时,除了问候对方时要双手合十外,为了显示对主人或者客人的尊重,双方还要各自伸出舌头,以表真诚。随着社会的发展,握手礼在尼泊尔也开始使用,在挚友相见时,常以握手来表示问候,然而对于尼泊尔妇女而言,只有同非常熟悉的人才会握手。在尼泊尔,对年长的人,在问候时不能很随意,必须低头致礼以显示对对方的尊重,而年长者则将右手放在问候者头上以示还礼并表示祝福。在一些重大的节日里,尼泊尔甚至还有行吻脚礼的传统。在贵宾临门时,尼泊尔人一般都要举行点酥油灯的仪式,以此象征着"温暖""光明"和"友情"。他们在秋冬季节迎宾时,往往要燃起篝火来表示对客人的欢迎。宴请宾客时,按传统礼节,他们还会在宴席上点燃许多红烛。与大多数国家不一样的是,在尼泊尔,人们点头表示不同意,摇头表示高兴、同意和赞赏。诸如此类的习俗还有很多,对要去尼泊尔游玩的游客而言,提前对尼泊尔的一些习俗进行了解是比较有必要的,这样可以避免冒犯对方。

下篇

尼泊尔与中国

山水相连　世代友好

"山水相连,世代友好"可以说是对中尼友好关系的总结。

中尼两国友谊源远流长,有上千年的交往史。蓝毗尼成为两国千年友谊的见证和纽带,晋代高僧法显、唐代高僧玄奘都到过此地。蓝毗尼园是佛祖释迦牟尼的诞生地,是佛教圣地之一,是与麦加、耶路撒冷并称的著名宗教圣地。405 年,中国第一位取经人法显和尚抵达蓝毗尼园朝圣释迦牟尼佛,法显等人印经 15 部、117 卷。5 世纪时,释迦族高僧佛陀跋陀罗是历史记载最早造访汉地的尼泊尔高僧之一,他大约在东晋义熙四年(408)到长安弘扬禅学。629 年,伟大的翻译家玄奘出发西行取经,途中到蓝毗尼园朝圣,留下宝贵史料,玄奘也因此深得尼泊尔人民的尊重。李查维王朝时期,吐蕃国王松赞干布迎娶了尼泊尔的赤真公主,赤真公主带着佛像、金银器、丝绸等陪嫁品进入吐蕃,这是佛教传入吐蕃之始。赤真公主来到吐蕃之后,不仅在藏族聚居区弘扬佛法,更在藏族聚居区与不丹地区修建了多间佛寺,其中包括了拉萨著名的大昭寺。值得一提的是,8 世纪是我国西藏佛教发展的重要时期,许多关键性助力来自尼泊尔王国。尼泊尔文史学者塔姆在接受采访时说:"藏传佛教发展初期的几位大师,去西藏之前,曾经在加德满都进行修行或者弘法,比如莲花生大士,他在加德满都的山谷生活了 12 年以上。阿底峡尊者在去西藏之前也在加德满都停留过一段时间,好多印度的或者是尼泊尔的大师,都是经过加德满都去的西藏。同样道理,西藏的高僧大师也是经加德满都到印度的,其中值得一提的就是马尔巴大师,他在帕坦修行过 3 年,这些也是有历史记载的。"这些与尼泊尔因缘甚深的大师将佛法弘扬至雪域,使得佛教在西藏获得发展。1260 年,尼泊尔著名工艺大师阿尼哥带队抵达西藏萨迦寺,凭借高超的技艺协助西藏的著名僧人、藏传佛教萨迦派首领八思巴完成黄金塔的建造,后被八思巴收为弟子并举荐给了元世祖忽必烈。阿尼哥在中国生活了 46 年,陆续完成了大白塔、大护国仁王寺、大圣寿万安寺等皇家大寺的兴建任务,还奉命在五台山建造寺庙与佛像。他的作品和经历,成了两国友谊永久的见证。

1955 年 8 月 1 日,尼泊尔和中国建交。建交 60 余年来,两国平等相待、相互尊重、相互支持,已经树立了不同大小和不同社会制度国家间和睦相处、互利合作的典范。中国主动向尼泊尔派遣专业的医疗队以帮助尼泊尔已有 20 余载。2009 年 12 月,尼泊尔总理尼帕尔访华,双方发表联合声明,决定在和平共处五项原则基础上,建立和发展世代友好的全面合作伙伴关系。2013 年 6 月,尼副总统贾阿来华出席首届中国—南亚博览会开幕式。2015 年 4 月,尼泊尔大地震发生后,作为邻国的中国立刻向尼泊尔运送物资,并且协助尼泊尔人民重建家园。无论是回首过去还是站在新的历史起点上,中国与尼泊尔始终相互扶持、和睦互敬。这样和谐的邻国关系在世界范围内也并不多见。近年来,两国高层交往频繁,政治互信不断增强。双方在彼此核心利益问题上相互支持,尼泊尔长期坚定奉行"一个中国"政策,中方也坚定支持尼方维护主权、独立和民族尊严。2019 年 10 月 12 日,中国国家主席习近平抵达加德满都特里布文国际机场,对尼泊尔进行国事访问。2020 年 8 月 1 日是两国建交 65 周年的日子,中国国家主席习近平向尼泊尔总统班达里致电庆祝。习近平在贺电中指出:"中尼友谊源远流长、历久弥新。建交 65 年来,两国始终相互尊重、平等相待,增强政治互信,深化互利合作。去年,我和班达里总统实现互访,将两国关系提升为面向发展与繁荣的世代友好的战略合作伙伴关系。两国同舟共济、守望相助,并肩抗击新冠疫情,谱写了中尼友谊新篇章。我高度重视中尼关系发展,愿同班达里总统一道努力,推动两国关系不断向前迈进,为两国人民带来更大福祉,为地区稳定和发展贡献积极力量。"班达里总统则在贺电中表示,尼中友谊源远流长,基础深厚。建交以来,两国关系显著拓展和深化。尼方欢迎中方提出的构建人类命运共同体理念,积极参与共建"一带一路"合作。尼方赞赏中方采取有效措施遏制新冠疫情,衷心感谢中方为尼抗击疫情提供的宝贵支持。尼方愿同中方共同努力,全面落实两国元首达成的广泛共识,造福两国和两国人民。同日,中国国务院总理李克强同尼泊尔总理奥利也互致贺电。李克强在贺电中表示,今年以来,中尼双方携手抗击新冠疫情,进一步增强两国互信与友谊。中方愿同尼方一道,加强各领域全方位合作,高质量共建"一带一路",推动两国关系不断迈上新的台阶。奥利在贺电中表示,建交以来,两国关系持续、稳定、健康地向前发展。尼方感谢中方支持尼方抗击新冠疫情,期待同中方密切合作,实现经济复苏,推动双边关系取得更大发展。

　　自 1999 年以来,中国政府已累计派出 10 余批援尼医疗队,援尼医疗队工作从未间断。B. P. 柯伊拉腊纪念肿瘤医院就是中国援尼工作的见证。一批又一批的医疗队长期以来积极为当地病患服务,并为尼泊尔医疗团队培训医务人员,为医疗卫生合作、抗震救灾做了大量工作,受到尼泊尔政府及人民的肯定和赞扬。除了在基础设施建设及医疗设施领域中国对尼泊尔提供援助外,中尼双方在高等院校和基础教育领域也开启了更深层次的交流合作与访问。比如,接受中国支援建设的武警学院是尼泊尔建国后第一次充实武装力量,以应对外部挑战,这是中尼双方友谊之路上的又一里程碑。

　　人文是两国交流的重要领域,近些年来双方在文化、旅游、教育事业等方面的合作扎根基层,面向百姓,为睦邻友好打下了深厚的民意基础,是中尼两国友好合作的重要一极。2007年,孔子学院在加德满都大学落户;2009年,两国建立青年交流机制。加德满都的杜巴中学是尼泊尔历史最悠久的学校,创建于1853年,遗憾的是学校毁于尼泊尔大地震。地震后,中国政府伸出援助之手,给尼灾后重建提供大力支持和帮助。学校重建之前,中方还为学校搭建了临时教室,保障了学校的正常教学。在中国建设者夜以继日的奋战下,9个月内,新校舍拔地而起。2019年5月9日,中国驻尼泊尔大使馆主办的首届"希望之星"大使助学金发放仪式在帕坦举行,此次"希望之星"助学金活动,进一步加强了两国在教育领域的合作,体现了中尼的友好关系。尼泊尔教育与科技部部长博克瑞尔感谢了在灾后校园重建中中方对尼做出的重要贡献。除了政府举办的官方活动外,中国民营企业家共募集资金40余万元用于重建尼泊尔的4所小学,此次募捐由中国全联旅游业商会携手西藏工商联旅游业商会、西藏宏绩集团和西藏藏游旅游公司共同举办。

　　旅游业是尼泊尔经济发展的支柱产业之一,中国又是尼泊尔第二大游客来源国及游客增长速度最快的国家,中尼是亲密友好的邻居,在双方的共同努力下,旅游合作成为两国重点发展的领域之一。2019年3月27日,中国驻尼泊尔大使馆主办了第四期尼泊尔旅游人才汉语培训班,此次培训班为中尼两国进行人文交流培养了相应的语言人才。尼文化、旅游与民航部门表示,学好汉语,有助于了解中国文化,改善尼泊尔旅游环境,促进尼泊尔旅游事业的繁荣。

当前,中国政府和人民正朝着"两个一百年"奋斗目标阔步前进,尼泊尔政府和人民也向着"繁荣尼泊尔、幸福尼泊尔人"的美好愿景砥砺前行。中国作为尼泊尔的近邻与伙伴,将持续帮助尼泊尔进行灾后重建工程,帮助尼泊尔早日恢复经济。尼泊尔也是南亚首个中国公民组团出境旅游目的地国,每周有数十趟航班往来于两国之间。喜马拉雅航空公司在 2019 年 10 月开通了加德满都与北京的直航,此次通航便利了两国来往人员,有助于两国友好互助。中尼两国将在共建"一带一路"的基础上加强在经贸、投资、产能、交通、基础设施建设等领域的合作,深化两国友情,继续守望相助。

行走在"一带一路"上

尼泊尔是一个海拔较高的国家,用有限的国土面积养活了约 3000 万人口。多山且复杂的地形,使尼泊尔的基础设施建设困难且造价昂贵,这给尼泊尔的经济发展带来了巨大的困难。尼泊尔仍然是极不发达国家之一,在联合国发布的人类发展指数排行榜中,尼泊尔在 191 个国家中排名第 143 位。2011 年亚洲开发银行公布的资料显示,尼泊尔的贫困群众大概有 2200 万人,每人每天只有不到 2 美元的生活费,像这样的贫困群众数量超过了国民总人数的 70%。2021 年,其人均国民生产总值是 1210 美元,仍是亚洲最贫穷的国家之一。因此,尼泊尔的经济严重依赖外援,预算支出的 1/3 依靠国外捐赠与贷款。种姓制度是造成尼泊尔落后的另一个根深蒂固的原因。种姓制度在经济发展和人力资源发展方面起到了阻碍的作用,这种阻碍体现在尼泊尔的人才资源不能够得到充分利用上,因为低种姓的人从一开始就失去了很多权利,并不得不忍受社会资源的不公分配。人才资源的不合理利用不利于尼泊尔未来的长远发展,在其严重依附印度经济文化的情况下,要想尽快摆脱来自印度的经济和政治等方面的影响,改善与中国的关系,最好的方法就是加强和中国的贸易连通性,这是实现尼泊尔经济转型的关键。在这种情况下,尼泊尔加入了中国"一带一路"倡议,成为中国"一带一路"倡议南亚发展伙伴之一。

尼泊尔是亚洲基础设施投资银行创始成员国,2017 年 5 月,中尼双方签署了"一带一路"合作谅解备忘录及建设中尼跨境经济合作区的谅解备忘录,为两国关系发展和互利合作注入新活力,带来新机遇。尼泊尔也积极融入中国"一带一路"倡议,并且希望中国能够在资金、技术等方面援助尼泊尔。民心相通是"一带一路"建设的重要内容,在"一带一路"框架下,中国为尼泊尔带去了一些有关基础建设、水电资源开发和对外贸易等方面的援助。在友好互助的方针下,尼泊尔可以获得中国的更多帮助,不仅仅是资金,还有一些科学技术。例如,随着尼泊尔的社会发展和人口增长,对稻米的需求量增加,稻米供应渐趋紧张。在国际水稻研究所(IRRI)的支持下,尼泊尔于2011 年加入了杂交水稻发展联盟,2012 年开始研究和推广杂交水稻技术。经过专业技术培训,尼泊尔杂交水稻的科研和种植启动。帮助尼泊尔发展和推广优质高产杂交水稻是中国援助尼泊尔农业技术合作项目的重要内容。袁隆平农业高科技股份有限公司承担了援尼第 1 期农业技术合作项目(2016—2018)。从 2016 年开始,该项目组在尼泊尔当地开展了大量系统的杂交水稻新组合的筛选试验。为筛选出适合尼泊尔高山谷地种植的杂交水稻品种,袁隆平农业高科技股份有限公司于2017 年和 2018 年在尼泊尔加德满都高山谷地对从中国引进并筛选出的 8 个杂交水稻组合开展了杂交水稻新品种比较和适应性研究。结果表明,参加试验的杂交水稻品种在尼泊尔雨季种植,熟期和株高适宜,具有明显的产量优势。其中,LPNBR1626 和 LPNBR1628 这 2 个品种产量最高,较当地常规稻对照品种增产 20％以上,且生育期适中、植株较矮、抗逆性较好,适宜在尼泊尔高山谷地雨季种植和推广。2018 年,中国援尼项目组在当地实施了 300 公顷的杂交水稻新品种示范项目,取得了较好的结果。

除了农业科技成果的共享之外,经济投资和贸易发展也是两国合作的重要领域。在现代社会,电力和石油涉及一个国家的民生、经济等方方面面,影响巨大,但是目前尼泊尔的电力、石油等都要靠进口,也受制于印度。尼泊尔位于喜马拉雅山南麓,特殊的地势蕴含着丰富的水力资源,但是对没有资金和相应技术的尼泊尔而言,怎样将水力资源转化成电力资源才是真正的问题。将水力资源转化成电力资源,需要资金和技术支持,中国就很愿意投资尼泊尔水电站的建设,这不仅能促进贸易,也能真正帮助尼泊尔发展经济。不同于印度的阻挠与制约行为,中国的公司来到尼泊尔,在这里承接水电、医院、公路、桥梁和铁路网等建设项目。在这些项目完成后,尼泊尔的基础设施会更加完善,这也有利于尼泊尔的经济发展。这都得益于尼泊尔和中国建立的良好外交关系,以及中国"一带一路"倡议的倡导。中尼两国的合作与发展打通了国家与国家之间的经济壁垒,建立了互帮互助的经济带,这给双方带来了双赢。一方面,尼泊尔可以逐渐摆脱对印度经济的过分依赖,规避经济和政治风险,同时可以借助中国的海岸与港口进一步打开世界贸易的大门,加强与世界其他国家的经济联系和文化交流。而且基建落后的尼泊尔会吸引中国对其铁路、通信等设施的投资,这会直接有效地推动尼泊尔的经济快速发展。另一方面,对于中国而言,通过投资可以打开尼泊尔的市场,也可以借助尼泊尔接触到其他南亚国家。"一带一路"倡议是想把市场这个蛋糕做得更大,让更多的国家可以分到比单独发展更多的蛋糕,所以说,"一带一路"倡议对中国和尼泊尔都有所促进,通向两国人民共同期待的美好未来。

两国经贸往来由来已久,合作紧密,互惠互利,近年来,更是在投资、产能、交通、基础设施建设等领域加强合作,取得了明显成效。尼泊尔是中国在南亚区域的重要伙伴。目前,中国已成尼泊尔第一大外来投资国、第二大贸易伙伴和第二大游客来源国,中资企业在尼泊尔的投资与日俱增。根据中国驻尼泊尔大使馆经济商务处的报告,在尼泊尔投资规模较大的中资企业有 30 余家,主要集中在水电站、航空、餐饮、宾馆、矿产、中医诊所、食品加工等行业。驻尼泊尔的主要中资企业有葛洲坝集团公司、中国水能水电建设集团公司、中国水利电力对外公司、中国海外工程有限责任公司、中国国际航空公司、中国南方航空公司、中国东方航空公司、四川航空公司、上海格林福德国际货物运输代理有限公司、中工国际、华为、中兴通讯、中鼎国际工程有限公司、中国通信服务股份有限公司、特变电工等。它们的共同特点是都和尼泊尔的基础建设息息相关。换句话说,在尼中资企业一直致力于发展尼泊尔的基础设施,而基础设施又是经济发展和民生改善的基石。

葛洲坝集团承包了位于尼泊尔喜马拉雅山南麓的上崔树里 3A 水电站的建设工程,整个工程横跨尼泊尔北部拉苏瓦和努瓦科特地区。上崔树里 3A 水电站的建设具有重大的意义,极大地缓解了加德满都供电紧张的局面,对尼泊尔的经济发展和民生改善具有很大的意义。该项目于 2009 年开始筹备,

2011 年 6 月开工建设，但是 2015 年尼泊尔突发的 8.1 级大地震让已经接近完成的工程毁于一旦。即使是在这样的条件下，葛洲坝集团的工程师们也没有想过要放弃，华人工程师携手尼泊尔工人共同渡过了尼泊尔大地震后物资供应短缺、道路交通不畅等重重困难。2016 年 11 月，上崔树里 3A 水电站开始复工。面对被大地震破坏得面目全非的水电站，中国工程师们采用了创新性的修复方案，终于成功修复了上崔树里 3A 水电站。2019 年 11 月，时任尼泊尔总理奥利在加德满都总理府宣布尼泊尔上崔树里 3A 水电站胜利竣工。

尼泊尔上崔树里 3A 水电站胜利竣工是一张中国基建行业交给尼泊尔政府的漂亮成绩单，同时也体现了华人对尼泊尔人民的关怀。上崔树里 3A 水电站的胜利竣工离不开无数扎根于尼泊尔的华人的无言坚守和默默付出。胡运军是上崔树里 3A 水电站项目的负责人之一，他说："刚开始筹备的时候我们就过来了，那时候搞整个工程的控制测量网，2015 年 4 月 25 日大地震以后，我们撤回去了。然后 2016 年复工以后我们又过来，一直到现在。项目已经差不多了，发电了，今天已经并网了，这个电已经送到尼泊尔电网里面去了。心情还是很激动的，毕竟在这个地方待了差不多 10 年时间了，终于见到成果了。"

有这样感受的并不止胡运军一人，在尼泊尔已经坚守了 10 年的上崔树里 3A 水电站项目经理王紫阳说："目前尼泊尔的整体电力缺口在 750 兆瓦左右，我们项目的建成填补了该国近 8% 的电力缺口。"同时他还在采访中说："比较显著的变化是，加德满都的停电时间大大缩减，过去每天平均要停电 12 到 16 个小时，而现在这一数字锐减到 3 小时。"

当问到他们在尼泊尔大地震发生时的情况时，他说："当时进场的道路都被摧毁了，中尼双方的建设人员一度被困在这里，人员出不去，物资也进不来。但在大灾大难面前，我们和当地灾民守望相助。我们拿出各种物资器具帮助救灾，灾民们也主动翻山越岭为我们运送生活物资。"

华人工程师和工人的付出也收获了尼泊尔人民的真诚感谢，在尼泊尔上崔树里3A水电站建成并成功运行后，尼泊尔电力局局长古尔曼感激地说："这个项目极大地保障了我们尼泊尔的电力供应，我们现在很多电力依靠进口，这座水电站的建成将减少尼泊尔的电力进口，推动尼泊尔经济的发展。承建公司做得特别好！我们感谢他们，并且要祝贺他们。"

上博迪克西水电站早在2001年就已经建成并投入使用，但是由于2015年的尼泊尔大地震，上博迪克西水电站的损坏程度非常严重，除此之外，2016年的洪水又将水电站的大坝右侧坝段冲毁。在这种情况下，上博迪克西水电站基本已经处于报废无法使用的状态了。尽管整个水电站的修复难度非常大，但是中国电建还是承接了上博迪克西水电站修复项目。该修复项目于2018年开始，仅用了15个月，中国电建就完成了这项几乎被视为不可能完成的修复任务，被尼泊尔誉为"教科书般的工程"，而这样的成果也与中国高水平的基建能力有关，中国的基建能力再次震撼到了尼泊尔人民。尼泊尔作为一个水资源丰富的国家，电力却一直处于短缺的状态，所以上博迪克西水电站的损坏对尼泊尔而言损失非常大，因为这会加剧尼泊尔原本就很紧张的用电状况，幸运的是，中国的基建能力和中国速度并没有让尼泊尔人民等待太久，中国电建也受到了来自尼泊尔政府和人民的高度赞扬。

除尼泊尔上崔树里3A水电站建设和上博迪克西水电站修复这样的水电工程外，在尼泊尔第二大城市博卡拉，也有一项由中国公司承包的机场建设项目。事实上，博卡拉原来是有一个机场的,老博卡拉机场在 20 世纪 50 年代就投入使用了,但由于一直没有进行较大规模的修复和更新,按照如今的标准来看,老博卡拉机场的一些设施早已陈旧过时了,甚至存在很大的安全隐患。并且老博卡拉机场的跑道较短,无法支持一些大型甚至中型客机的起降,这样的机场条件无法满足尼泊尔日益增长的游客的需求,也给货物的运输造成了困难。

虽然尼泊尔的加德满都已经有一个特里布文国际机场,但作为尼泊尔唯一能够和国际对接的机场,它的客流负担和货运负担过重,所以尼泊尔计划在博卡拉建造尼泊尔的第二个国际机场。其实尼泊尔政府早在 1971 年就已经批准了新博卡拉国际机场建设项目的用地,但是遇到了一个难以克服的困难,即尼泊尔政府很难筹集到建造新机场所需的巨额资金,因而迟迟无法启动新博卡拉机场建设计划,这同时也意味着博卡拉甚至整个尼泊尔的经济很难被带动起来。幸运的是,在尼泊尔处于困境之际,中国伸出援助之手帮助尼泊尔人民实现了这个推迟了数十年的梦想,中国援助尼泊尔博卡拉国际机场项目也一直被外界认为是中国和尼泊尔深度合作的体现之一。

新博卡拉国际机场相比老博卡拉机场有着巨大的提升。老博卡拉机场跑道长度只有 1439 米,甚至无法满足中型客机的起降,机场停机坪在同一时段内仅能满足 8 架小型螺旋桨飞机的起降。新博卡拉国际机场跑道长度达到 2500 米,可供波音 737 等机型起降。此外,机场的整体设施和建筑采用的也都是目前最国际化和现代化的方案。

"这是目前中国援建尼泊尔的最大项目,它使尼泊尔的航空运输业一举实现与世界接轨。"中工国际尼泊尔代表处总代表杨志刚表示,"再有几个这样的大项目,尼泊尔将会焕然一新。"新博卡拉国际机场项目也被尼泊尔称为"国家荣誉工程项目"和"尼泊尔的世纪工程",可以想象新博卡拉国际机场对尼泊尔经济发展的重要性。

在新博卡拉国际机场的建设过程中,华人工程师和工人们与博卡拉当地居民建立了良好的关系。据相关报道,博卡拉居民对中国建造机场的材料和施工方式感到很好奇,所以经常会围过来看一看。每当这个时候,华人工程师和工人们就会和当地居民友好地交流,并简要地为他们介绍。据说,在新博卡拉国际机场施工前,施工地带附近的一些区域已经被当地居民种植了一些农作物,为了不影响当地居民正常的收成,中国工人还特地将施工日期往后推了一段时期。这些无不体现了中国工程技术人员对尼泊尔人的尊重和友善。

在尼中资企业不仅仅投资了尼泊尔的水电站建设、国际机场项目,中国和尼泊尔还达成协议,在西藏铁路的基础上继续延伸,使铁路直接从西藏日喀则延到我国边境城市吉隆,然后从吉隆连接到尼泊尔首都加德满都。吉隆口岸是中尼边境贸易的重要通道,在建造这条铁路之前,尼泊尔和中国的贸易往来往往需要花费大量的时间成本,而建成这条路线后,将极大地缩短两地间的通行时间,货运的装载量也将大幅提升,这样的贸易往来所带来的经济效益是相当大的。

这条跨越喜马拉雅山脉的铁路可以分成两段,中国境内的一段从日喀则到吉隆,另一段从吉隆到加德满都。第二段全长约 60 千米,但由于通向尼泊尔的铁路需要横跨高海拔的喜马拉雅山脉,整个工程对工程技术和建造材料的要求都相当高,所以这条铁路初步估计的造价就已经达到了 80 亿美元左右。

这条铁路被尼泊尔人民寄予了深厚的期望。在提出这条铁路的建设计划前,尼泊尔人民从来都没有想象过能有这样一条铁路线,毕竟横亘在中国和尼泊尔之间的喜马拉雅山脉在他们看来是无法逾越的一座高山。这条铁路目前已开工建设,尼泊尔人民也期待着这条能够让他们和中国加强贸易往来的铁路早日通车。

事实上,尼泊尔提出建设连通中国和尼泊尔的铁路线的提议是有着一定的必然性的。尼泊尔的经济一直严重依赖印度,所以当印度和尼泊尔发生一些难以调和的矛盾时,印度只要稍加动作,就会对尼泊尔经济造成巨大的影响,也就是说,尼泊尔的经济命脉把控在其邻国印度的手中,这对一个拥有独立主权的国家来说是一件非常危险的事情。曾经印度由于某些原因,限制了尼泊尔的石油供给,直接使得尼泊尔失去了石油来源,最终尼泊尔选择向中国求救。而这也让尼泊尔越发意识到了要想摆脱对印度的经济依赖,最好的办法就是加强和中国的商贸合作与往来,于是也就有了之后尼泊尔关于建造打通中国西藏和尼泊尔之间铁路的提议。

中国与尼泊尔合作的项目远远不限于上文中所提到的这些,还有尼泊尔首都加德满都的内环线改造项目、尼泊尔杜巴中学建设项目、尼泊尔阿尼哥公路三期保通建设项目、迈拉穆齐引水工程、新特莱尔铁索桥工程等。中国企业的身影出现在尼泊尔的基础建设领域的频率也变得越来越高,截止到 2017 年,在尼泊尔投资的中资企业已经超过了 100 家。[1]

近年来,中资企业在尼投资增长迅速。2018 年,两国双边贸易额达到 11 亿美元,中国对尼泊尔投资超过 3 亿美元。中国与尼泊尔先后签订了贸易、经济、技术合作协议,避免双重征税。已建立的双边经贸促进机制有:中国与尼泊尔的经济贸易

---

[1]　赵周鉴:《加强"一带一路"沿线国家国情研究,推动"铁路走出去"——以尼泊尔与中尼铁路为例》,《人民交通》2020 年第 4 期,第 88—92 页。

联合委员会、西藏自治区与尼泊尔的贸易洽谈会、中国与尼泊尔的民间合作论坛等。尤其是中国西藏自治区作为和尼泊尔国土相连的省份,与尼泊尔的文化交流自古就佳话迭出,尼泊尔在拉萨设有领事馆,这是外国设在西藏自治区唯一的外交机构,尼泊尔也是西藏自治区最大的贸易伙伴,西藏自治区与尼泊尔的贸易常年占中国与尼泊尔贸易的 9 成左右。

中国人给尼泊尔带去的经济发展并不仅限于中国对尼泊尔各种基础建设工程的投资、援助和承包,中国游客对尼泊尔也非常重要。尼泊尔是一个非常典型的内陆国家,得天独厚的自然风光和特色文化特别适合发展旅游经济。旅游经济给尼泊尔带来了大量收入,旅游业在尼泊尔的 GDP 中也占着很大的比重。如今中国经济高速发展,中国人民的生活水平明显提升,在物质需求得到满足后,中国人民对精神和文化的需求也日益提升,所以越来越多的中国人会选择出国旅游。尼泊尔作为中国的邻国之一,对于中国游客而言,与许多国家相比,在地理距离上有着天然的优势,加之尼泊尔具有独特的生态环境和宗教文化氛围,因此,近年来去尼泊尔旅游的游客数量也逐渐呈现上升的趋势。据相关报道,2018 年去尼泊尔旅游的游客中,数量最多的是印度人,其次就是中国人。①

中国游客已经成为尼泊尔旅游业最重要的顾客之一。在这样的背景下,不少学者看见了汉语在尼泊尔旅游业发展中的重要性,中国目前也在积极为尼泊尔培训汉语人才,不少来自中国的志愿者前往尼泊尔加德满都大学的孔子学院进行专业的汉语教学。尼泊尔加入中国提出的"一带一路"倡议后,中国

---

① 周汇丽:《尼泊尔旅游汉语教学模式研究》,广东外语外贸大学硕士论文,2020 年。

和尼泊尔在商业贸易上的往来得到大幅加强,为尼泊尔储备更多的汉语人才更加有利于尼泊尔和中国进行贸易。同时,由于中国游客对尼泊尔旅游业的作用是举足轻重的,预计未来这种趋势也不会改变,所以尼泊尔需要更加专业的汉语导游来引导和服务中国游客,这将给尼泊尔带来更大的经济效益。

尼泊尔前总统班达里曾表示,中国是尼泊尔的亲密友好邻邦和重要合作伙伴,尼方愿积极参与"一带一路"建设,推动尼中关系不断取得新进展。

文化桥梁

　　尼泊尔和我国西藏位于喜马拉雅山脉的两侧,边界线长达1400多千米,两者之间有悠久的交往历史。谢尔巴族、达芒族等尼泊尔少数民族的文化习俗与中国藏族的文化传统有着密切的关联,在语言与宗教上,他们与藏族人民相当接近。近似的文化背景使得他们的贸易往来畅通无阻。无论是中国西藏自治区的藏族人民还是尼泊尔人民都向往朝气蓬勃、衣食富足的生活,在尼泊尔的藏族人也不例外。在尼藏族人有很多是手工业者,带有浓郁藏族风情的手工地毯一度成为旅游者采购留念的不二之选。在一些藏族人聚居的区域里,随处可见家庭作坊出产这样的地毯,藏族人各司其职,妇女们负责制作,男人们负责出售。20世纪80年代到90年代前半段,地毯业成了尼泊尔创汇的重要产业,地毯业的兴盛解决了很多在尼泊尔藏族人民的就业问题和衣食住行问题,使他们的生活有了许多改善。尼泊尔的湖滨区是大部分藏族人的聚居处,而博卡拉的北部与南部也有藏族人定居。在尼泊尔藏族村,佛塔、寺庙、住房和西藏的一样,都挂着五彩的经幡。经幡又叫风马旗,是藏族人民生活中独特的一道风景线,是凡人与灵界沟通的媒介,用于祈求神灵的保护,免于灾难。位于博卡拉的塔诗林村是尼泊尔规模最大的藏族人村落。位于村子中心位置的寺庙是一个与众不同的地方,有百余位僧人在这座庙宇中修行,这里每年藏历新年时都会举行舞会,好比汉族人纪念新年一般郑重其事。对于藏族人来说,藏历新年意义非凡,人们往往在此时祝祷新的一年风调雨顺,家人与朋友平安康健。塔诗林村聚居的都是藏族人,他们依然身着藏族服饰,说着地道的藏语,有着明显区别于尼泊尔人的特征。他们从事的最典型的行业就是地毯编织,进入这个村落,你可以清楚地知道一块精美的带有民族特色的地毯是怎样织就的。位于加德满都市郊的博大哈佛塔是一处举世闻名的佛教建筑,这样的圣地吸引了藏族人靠近,这里有被称作居委会的组织,这里聚居的藏族人大部分从事体力劳动,也有成为僧侣的,在佛教寺庙工作。

藏文化艺术是藏族聚居区人民和尼泊尔人民共有的文化记忆。唐卡是独具魅力的藏族绘画,这种绘画技艺的传承已经延续了千年。藏传佛教也是中国西藏与尼泊尔友谊的一个重要桥梁。2015年在中国藏学研究中心举办了由中国友谊促进会和中国藏学研究中心宗教研究所主办、西藏友谊促进会协办的中尼藏传佛教文化交流活动,两国藏学研究人士积极进行交流,促进了藏传佛教文化的传播,增进了中尼双方的文化理解。藏传佛教文化对多数人而言是神秘而美丽的。其体系犹如古树,结出的果实异常丰美。尼泊尔的佛教圣地斯瓦扬布纳特寺在每年的5月26日都会举行朝拜仪式以纪念释迦牟尼。许多佛教徒都向往着这一天的到来,并到此地朝拜,其中不乏身着藏装或红色僧服、手持转经筒的信徒,他们中也有来自我国西藏的佛教徒,参加这样的盛事是他们生命中极为重要的组成部分。他们有的长居于尼泊尔,接受着尼泊尔的传统文化,也将藏族的文化传播出去。尼泊尔首都加德满都以庙多而闻名,印度教与佛教的宗教建筑在此交相辉映,佛教寺庙多达40余座。有名的如博大哈佛塔与斯瓦扬布纳特寺通常会接纳一些藏族喇嘛与当地的落魄者以及来自西方的信徒。其中一些寺庙为传播佛教教义,常年为西方人开办藏传佛教和藏语学习班,有的活佛操着流利的英语讲解经文,有的则通过翻译向西方人授课。一旦这些寺庙安排讲经或其他佛事活动,加德满都的藏族人就会赶过来,像是过隆重的节日,他们对佛教的虔诚令人印象深刻。博大哈佛塔周围有许多小商店,大都出售具有藏族特色的佛像、地毯等,而印有藏语经文的条幅要么被挂在树枝之间,要么被悬于寺庙和楼房的顶上。每到清晨和傍晚,许多虔诚的信徒或手持转经筒,或拨动环绕佛塔的转经筒,围绕大佛塔走动,嘴里还念念有词。这一带藏族文化风情非常浓郁,被当地人称为"小西藏",是当地的著名旅游景点。

在畅销尼泊尔的藏族物品中,唐卡绝对是其中最精美、最富有艺术内涵的一种。唐卡是独属于藏族的一种绘画形式,上面绘有佛像等宗教内容。唐卡为卷轴画,通常绘于布帛与丝绢上,有的唐卡极其恢宏,有上千平方米,小而娟秀的则不过几寸宽罢了。唐卡往往可以在寺庙里见到,也可以为私人所收藏,人们称唐卡为"带在身上的庙宇"。意大利藏学家杜齐认为唐卡源自印度的布画"pata-madala",是印度人早期宣传宗教的一种绘画。也有我国藏学家认为唐卡有着极其特殊的装裱规则,这样的形式或许与吐蕃的旗幡画有着渊源,联系到唐代与吐蕃地区频繁的交流,这种假设似乎更加站得住脚。①《大昭寺目录》中记载了唐卡的往事:松赞干布有一天不慎将自己的鼻血滴在绢布上,于是他就以血为中心画了一幅白度母像。而唐卡装裱模式的形成,应该是较为晚期的事。可以说,唐卡能够如此受尼泊尔人民的欢迎,同尼泊尔与西藏宗教文化多年的交流与沟通有着很大关系。唐卡可分为国唐与止唐。用绸缎等

---

① 张亚莎:《西藏美术史》,中央民族大学出版社 2006 年版,第 104 页。

材料手工制成,经过拼贴缝合、编织或者套版印刷等方式制作而成的称为国唐。国唐通常为寺院所收藏,画面也更加壮观。在西藏自治区,每年寺庙都会有大型的"晒佛"活动,就是将这种大型的国唐拿出来展开,沐浴灿烂阳光。信徒们得以看见平时不能看见的卷轴画,面对如此壮观的唐卡,纷纷心生敬畏,顶礼膜拜。止唐可分为金唐、赤唐、黑唐,是用颜料所描绘的。唐卡所采用的颜料皆取自天然,多用金、银、朱砂等矿物颜料。天然的矿物颜料更能经受时间的考验,能够在几百年后仍然熠熠生辉、色泽不改,最大限度保留唐卡描绘时的原貌。在止唐中,以金唐最为珍贵稀有。散发着璀璨金光的唐卡仿佛可以洗涤人们的心灵,故宫博物院馆藏的清代的《释迦牟尼佛》就是精美的金唐。唐卡的制作要求画师绝对地投入,因为材料特殊,画师们需要先勾线再上色,上色之后就不能够再勾线了。那繁复而细密的人物形象在画面中排布,需要画师具有极强的绘画能力与审美能力。一幅巨大的唐卡有时要数十位画师共同制作一年方能完成。唐卡不仅描绘了宗教场面,也有记录历史和民俗的功能。现藏于西藏自治区博物馆的《噶玛巴为明太祖荐福图》描绘的就是明成祖朱棣邀请噶玛巴在南京为太祖朱元璋及其皇后荐福的情景。国唐建立在止唐的基础之上,根据止唐的构图来进行更为细致的二次创作,所以国唐更为稀有,也更为正式。在西藏的各个宫殿及寺庙中,都能见到唐卡的身影。其中布达拉宫、萨迦寺、大昭寺的唐卡收藏数量最多并最负盛名。如布达拉宫的《无量寿佛》国唐,长约55.8米,宽约46.8米,在晒佛时使用。还有一种唐卡专门绘制医药图典,称为门唐。门唐包括了藏医学的解剖、诊断等方面内容,极具民族特色。

携手互助　共渡难关

　　2020 年,新冠疫情打乱了世界原本的正常运转,也给尼泊尔带来了巨大的打击。中国由于及时采取一系列正确措施,率先缓解了疫情带来的糟糕局面。相比之下,其他国家还处于疫情暴发和蔓延的阶段,不少国家感染新冠和因新冠而死亡的人数处于持续上升的状态,医疗物资等严重缺乏。于是中国立刻开始援助有需要的国家,特别是那些曾经在中国疫情最严峻的阶段向中国提供过帮助和表示过支持的国家。中国在自己力所能及的范围内向它们提供抗疫物资和抗击疫情的宝贵经验,尼泊尔即是其中之一。

　　2020 年 1 月 22 日至 2 月 2 日,中国农历春节前后,中国驻尼泊尔大使馆精心组织了一支由尼泊尔留华学生组成的志愿者队伍,在加德满都特里布文机场,为来尼中国游客提供中文志愿服务,保障中国游客平安顺利出行。时值新冠疫情突发,18 位志愿者坚守岗位,无一缺席。志愿者们春节期间坚守机场提供志愿服务,一个志愿者真诚地说道:"正如班达里总统表示的,在这个艰难的时刻,我们将坚定地与中国政府和友好的中国人民团结在一起。中国和尼泊尔山水相连,世代友好。中国作为邻国,给予了我们很多帮助,所以我们要向中国人表达友好和尊敬。我在中国留学的时候,我的中国老师和朋友们给了我许多无私的帮助,就在一个月前,我回到了尼泊尔,现在我要回报他们。"志愿者们心系疫情,集体为中国祈福:"希望中国朋友能够平安健康。"18 位志愿者发挥自身熟练掌握汉语的优势，积极协助来尼中国游客办理出入境手续，有人表示："作为志愿者，代表尼泊尔形象，我很自豪，很高兴能够为 2020 尼泊尔旅游年贡献自己的力量。""有些游客经过长途飞行，满脸疲惫，但我们帮助了他们以后，他们对我们报以微笑，这很有意义。""中国游客听到我们讲汉语，十分好奇，纷纷问我们在哪儿学的汉语，学了多长时间。""非常开心能够用自己所学的语言和对中国的了解来帮助他人。"

2020 年 3 月 29 日，中方紧急援助尼泊尔的第一批医疗物资到达了加德满都特里布文国际机场。这些医疗物资主要是医用外科口罩、N95 医用口罩、磷酸氯喹、护目镜、非接触式红外线体温计、防护服、便携式呼吸机。这些珍贵的抗疫物资缓解了尼泊尔医用资源紧缺的情况。尼泊尔政府和人民也对中国政府与所有援助和支持他们的华人表达了真诚的感谢。在尼泊尔发生疫情时，除了中国政府的支持，中国的一些企业和基金组织也在积极提供各种援助，中国驻尼泊尔大使馆在中国援助尼泊尔的事务上做出了很大的贡献，充当了两方沟通的桥梁。

经过 2020 年一年的艰辛抗疫，外加其他国家和国际组织的援助，尼泊尔本来严重的疫情稍微平复了下来。据报道，2021 年 3 月 29 日，在尼泊尔和中国的共同努力下，中国政府援助尼泊尔的 80 万剂新冠疫苗已经成功跨过喜马拉雅山脉运送到尼泊尔的加德满都，目的是帮助尼泊尔尽快摆脱疫情，恢复正常的国民生活和经济活力。在世界各国和中国国内对疫苗需求量都很大的情况下，中国仍然积极协调，优先向尼提供疫苗援助，体现了中国和尼泊尔的深厚情谊，同时这也离不开所有在尼泊尔的华人的努力和帮助。

2 个国家、8 家银团成员行的大型跨境水泥投资项目银团贷款顺利落地。红狮集团尼泊尔 6000 吨/天熟料新型干法水泥生产线项目是尼泊尔工业史上最大的银团项目、中国企业在当地最大的投资项目,也是中行继老挝项目后,作为银团牵头支持民营企业红狮集团"走出去"筹组的第二个跨境项目,是中行支持优秀民营企业开拓国际市场的又一次成功实践。红狮控股集团是国家重点支持的 12 家全国性大型水泥企业之一,在中国民营建材企业中排名第一,在国内 10 个省份拥有 40 余家大型水泥子公司,在缅甸、尼泊尔、印尼、老挝等 4 个国家有 5 个大型新型干法水泥项目,水泥年产能约 1.1 亿万吨,拥有员工 17000 人。2017 年 6 月末,浙江中行牵头筹组省内首个"内保外贷＋跨境放款"相结合的双币种银团,为红狮集团老挝万象日产 5000 吨新型干法水泥生产线项目提供等值 11.36 亿元融资安排,有效助力水泥行业国际产能合作。红狮集团尼泊尔项目总投资 3.5 亿美元,需融资 1.5925 亿美元。浙江中行作为银团牵头行,经过反复调查及论证,充分考虑客户需求、当地外汇政策及资本市场差异等因素,联动中信保浙江分公司、民生银行、恒丰银行及境外银团等 5 家成员行,为企业设计了基于内保外贷模式的跨境银团方案;同时,基于尼泊尔当地银团成员要求及当地相关法律规定,引入了部分转开保函、部分授信敞口的模式,有效保证中国企业及境内银团成员的利益。受文化差异、资本市场差异、当地法律制度限制等影响,尼泊尔项目银团筹组过程异常艰辛,一个个的"意料之外",一次次的"电话会议",一轮轮的"唇枪舌剑",每每遇到阻碍,银团工作组成员都秉持着高度的专业素养,以"千言万语、千山万水、千方百计、千辛万苦"的"四千精神"来应对,对存在的分歧逐个细致梳理,不气馁、不放弃,总分行、内外部高效联动,把难题各个击破,完善融资架构;同时制定了严密的时间进度表,高效推动合同签约及保函开立工作。以银团签约为例,代理行金华兰溪中行在2天时间内完成了所有文本打印及境内成员的文件签署工作,在1天时间内完成了4920个签字和4920个公章,刷新了省内同业单个项目合同文本的签字用印数量纪录。红狮集团尼泊尔项目充分展示了中行在执行复杂跨境投资项目上专业的水准和熟练的业务能力,也充分展现了中行在支持民营经济、构建"一带一路"金融大动脉上的格局和担当,具有重要而深远的社会意义和现实意义。而今,红狮集团尼泊尔项目已建成投产。2019年2月14日,在首届尼泊尔联邦企业家峰会上,尼泊尔红狮希望水泥有限公司获得突出贡献奖,时任尼泊尔总统班达里为红狮希望颁奖,这也是本次峰会上9家获得突出贡献奖的单位与企业中唯一的中资企业。

2019年是中国与尼泊尔建交64周年,11月7日,由浙江省商务厅主办、浙江省对外承包工程商会承办的以"加强区域联动,共建丝路辉煌"为主题的第二届联盟拓市对接会在上海成功举行。本次活动聚焦长三角区域国际产能合作对接,尼泊尔投资局、迪拜工商会负责人以及来自中国交建、中国能建、三峡国际等10余家重点外经企业的嘉宾出席并发言,长三角区域商务主管部门、重点对外承包工程相关企业、重点金融和咨询服务机构等的200余位代表参加活动。11月8日,衢州投资环境(上海)推介会在上海召开,本次活动由衢州市人民政府、浙江省商务厅、南南合作促进会主办,衢州市商务局、市"一带一路"合作项目推进办承办,尼泊尔等9个国家的驻上海总领事馆、商务机构官员也参与此会。

为贯彻落实中央关于"创新展会服务模式"的精神,统筹推进经济社会发展,引导外向型企业开展数字化营销,2020年6

月 8 日至 12 日,2020 浙江名品线上贸易洽谈会(五金行业专场、纺织行业专场)成功举办。浙江名品线上贸易洽谈会是第 22 届中国浙江投资贸易洽谈会"云贸易"活动之一,由浙江省贸促会主办,采用"先邀约境外采购商,后配对浙江供应商"的模式,分别进行了五金行业和纺织行业 2 个专场洽谈,提升了客商配对精准度。这次在线上参会的也包括尼泊尔采购商,卖家充分运用互联网、云视频、大数据等现代信息技术,通过线上展览展示、商贸配对洽谈形式与买家"云对接",将线下资源引流至线上,实现外贸交流从"面对面"到"屏对屏"的跃进,是创新展会服务模式的积极探索,为外向型企业保订单、拓市场提供了行之有效的路径。

2021 年初,尼泊尔驻华大使利拉·玛尼·鲍德尔、尼泊尔驻上海领事馆名誉领事吴建明一行访问浙江工商大学。校长陈寿灿会见来宾,国际交流与合作处、法学院负责人以及相关人员参加会议。陈寿灿代表全校师生对鲍德尔大使一行的到来表示热烈欢迎,并介绍了学校的办学特色和学科设置。他表示,中国与尼泊尔两国文化源远流长,佛教文化的交往和传播早已成为促进两国人民友好交往的重要桥梁,尤其是"一带一路"倡议更加密切了中国与尼泊尔两国的关系。他希望在大使的支持下促进双方文化、教育领域的合作与交流,就中国与尼泊尔的合作提出 3 点建议:一是与大使馆以及尼泊尔相关高校合作,在浙江工商大学成立尼泊尔中心,在文化研究、高端智库等方面开展多方合作;二是加强与尼泊尔高校的联系,尽快落实校际合作协议的签署和合作项目的开展;三是欢迎大使推荐优秀的尼泊尔学生来浙江工商大学交流与学习,学校将提供奖学金支持。鲍德尔大使表示,此次访问使他对浙江工商大学的综合实力和创新能力印象深刻,大使馆将会尽快促成尼泊尔高校与浙江工商大学在师生互派、科学研究等方面的合作。尼泊尔中心的筹建意义深远，希望尽快落成，他将给予全力支持。希望通过深入的合作交流，构建起共赢的双边合作关系，尽快实现校际互动、人员往来。

参考文献

一、中文文献

[1] 塔帕 N B,塔帕 D P.尼泊尔地理[M].杭州:浙江人民出版社,1978.

[2] 尼兰詹·巴塔拉伊.尼泊尔与中国[M].刘建,王宏纬,陈明,等,译.天津:天津人民出版社,2007.

[3] 罗祖栋.当代尼泊尔[M].成都:四川人民出版社,2000.

[4] 阿里亚尔,顿格亚尔.新编尼泊尔史[M].成都:四川人民出版社,1973.

[5] 王宏纬.尼泊尔——人民和文化[M].北京:昆仑出版社,2007.

[6] 王宏纬.尼泊尔[M].北京:社会科学文献出版社,2015.

[7] 王宏纬.高山王国尼泊尔[M].北京:中国社会科学出版社,1980.

[8] 张惠兰.传统与现代:尼泊尔文化述论[M].北京:世界知识出版社,2003.

[9] 池月.尼泊尔——悬挂在喜马拉雅南坡上的国家[M].拉萨:西藏人民出版社,2015.

[10] 周晶,李天.加德满都的孔雀窗——尼泊尔传统建筑[M].北京:光明日报出版社,2011.

[11] 邓殿臣.东方神话传说:第五卷[M].北京:北京大学出版

社,1999.

[12] 徐亮.尼泊尔对印度的经济依赖研究[M].北京:人民日报
     出版社,2015.

外文文献

[1] Garzione C N, Dettman D L, Quade J, et al. High times
    on the Tibetan Plateau: paleoelevation of the Thakkhola
    graben, Nepal[J]. Geology,2000,28(4):339-342.

[2] Kohn M J, Catlos E J, Ryerson F J, et al. Pressure-
    temperature-time path discontinuity in the Main Central
    thrust zone, central Nepal [J]. Geology, 2001, 29
    (7):571-574.

[3] Lang T J, Barros A P. An investigation of the onsets of
    the 1999 and 2000 monsoons in central Nepal [J].
    Monthly weather review,2001,130(5):1005-1012.

[4] Tielsch J M, Khatry S K, Stoltzfus R J, et al. Effect of
    routine prophylactic supplementation with iron and folic acid
    on preschool child mortality in southern Nepal: community-
    based, cluster-randomised, placebo-controlled trial [J].
    The lancet,2018,367(9505):144-152.

[5] Hodges K V, Fort P L, PêCher A. Possible thermal
    buffering by crustal anatexis in collisional orogens:
    thermobarometric evidence from the Nepalese Himalaya
    [J]. Geology,1989,16(8):707-710.

[6] Shrestha A B, Wake C P, Mayewski P A, et al.
    maximum temperature trends in the Himalaya and its
    vicinity: an analysis based on temperature records from

Nepal for the period 1971—94 [J]. Journal of climate, 1999,12(9):2775.

[7] West K P Jr, et al. Efficacy of vitamin A in reducing preschool child mortality in Nepal[J]. The lancet,1991, 338(8759):67-71.

[8] Shrestha N R. Landlessness and migration in Nepal. [M]. Boulder: Westview Press,1990.

[9] Desjarlais R R. Body and emotion: The aesthetics of illness and healing in the Nepal Himalayas [M]. Philadelphia: Univercity of Pennsylvania Press,1992.